Sans bureau fixe

Transitions du travail,
transitions des mobilités

Bruno Marzloff

Collection « Stimulo »,
dirigée par Philippe Bultez Adams
Édition : Florence Devesa
Révision : Floriane Desbois

Imprimé en France sur les presses de l'imprimerie France Quercy

ISBN : 978-2-36405-102-7

contact@fypeditions.com
www.fypeditions.com

éditions fyp

Cet ouvrage a reçu le soutien du Conseil régional
du Limousin et de la DRAC du Limousin.

Bruno Marzloff

Sans bureau fixe

[Transitions du travail, transitions des mobilités]

ISG
INTERNATIONAL BUSINESS SCHOOL

Collection
STIMULO
matière à PENSER
matière pour AGIR

éditions fyp

ISG

INTERNATIONAL BUSINESS SCHOOL

ISG. MAKE THE WORLD YOURS.

L'ISG est une Grande École de commerce créée en 1967, visée par l'État et délivrant le Grade de Master. Nous nous sommes fixé pour mission de former des managers responsables, créatifs, entreprenants et aptes à évoluer à l'international. Au-delà d'un enseignement d'excellence en management et en gestion, nous développons le programme « ISG Planète Ouverte », reliant enseignement académique, développement personnel et projet professionnel. Celui-ci regroupe des initiatives de nature à développer chez nos étudiants la compréhension de la société dans laquelle ils évolueront, celle de la connaissance et de l'information, des réseaux multiples et de la mondialisation.

C'est dans cette logique et autour de valeurs communes que nous avons établi un partenariat avec FYP Éditions, concrétisé par la collection « Stimulo ». Depuis 2012, nous coéditons 5 ouvrages par an, offrant un point de vue original sur un sujet sociétal, dans un format court et impactant. Nous souhaitons que la collection « Stimulo » constitue, pour nos étudiants comme pour chaque lecteur, une matière à penser, une matière pour agir.

L'ISG est membre de IONIS Education Group, 1er groupe d'enseignement supérieur privé en France.

Collection
STIMULO
matière à PENSER
matière pour AGIR

Collection
STIMULO
matière à PENSER
matière pour AGIR

Dans la même collection :

Jean Haëntjens, *Crises : la solution des villes*, 2012 ;

Alexis Mons, *Marketing et communication à l'épreuve des foules intelligentes*, 2012 ;

Yann Leroux, *Les jeux vidéo, ça rend pas idiot !*, 2012 ;

Jean-Michel Cornu, *Tirer bénéfice du don, pour soi, pour la société, pour l'économie*, 2013 ;

Gaëtan Mortier, *Finance éthique : le grand malentendu*, 2013 ;

Vincent Ricordeau, *Crowdfunding. Le financement participatif bouscule l'économie !*, 2013.

Bruno Marzloff, *Sans bureau fixe. Transitions du travail, transitions des mobilités*, 2013.

Amir Rezaee, *La fin de la Bourse*, 2013.

Boris Beaude, *Les fins d'internet*, 2013

Biographie

© Thierry Marzloff

Sociologue et prospectiviste, Bruno Marzloff anime depuis 20 ans Chronos, un laboratoire des mobilités innovantes qui réunit des acteurs des transports, des intelligences, des médias et de la Ville. Il a publié de nombreux ouvrages, dont *Le 5e écran*, FYP Éditions , 2009 ; *Pour une mobilité plus libre et plus durable*, avec Daniel Kaplan, FYP Éditions, 2009 ; *Mobilités, trajectoires fluides*, éditions de l'Aube, 2005.

Sommaire

Préface de Guillaume Pepy

Bruno Marzloff part d'une impasse, qu'il situe d'emblée à un niveau international : la saturation des transports collectifs qui n'arrivent plus à faire face à la demande, en partie victimes de leur succès. Il ne croit pas à la capacité du système à s'améliorer lui-même. Il doute de l'efficacité d'une politique qui jouerait la carte d'infrastructures de transport toujours plus conséquentes : il parle d'« acharnement thérapeutique» ! C'est une divergence avec nous : nous croyons qu'il faut rattraper un vrai retard de modernisation des moyens, physiques et informationnels, et nous en avons fait notre priorité.

Bruno Marzloff cherche d'autres solutions. Et il fait un vrai pari : plutôt que d'attaquer la variable « mobilité » dans le couple « mobilité-travail », il propose de considérer l'autre variable... Et de constater l'extraordinaire mutation que le travail connaît du fait des nouveaux modes d'organisation, de la prédominance des services et surtout des nouvelles pratiques permises par les technologies du numérique. Pour lui, le travail associé à un lieu fixe d'exercice de ce travail est déjà en régression ; de nouvelles formes d'activité se mettent en place, permettant davantage d'autonomie. À côté du travailleur sédentaire apparaît alors l'hypermobile, voire l'hyperagile, avec comme perspective de mieux (et non, moins) se déplacer. Interviennent alors dans la focale d'autres pratiques de mobilité, fondées notamment sur la notion de partage et sur l'outil numérique, qui d'ailleurs facilitent l'émergence de cet autre travail.

Cette analyse des interactions est très fertile, car le système de la mobilité dépend en effet de nombreux facteurs : il faut bien se tourner vers eux pour progresser. D'où une autre question, abordée à la fin de ce livre, et que je crois essentielle, celle du couple « logement-travail ». En fait, du divorce logement-travail !

Une qualité première de cet ouvrage est d'élargir le champ de réflexion. Et il le fait avec brio.

Guillaume Pepy,
président de la SNCF.

Préface
Jean-Paul Huchon

L'environnement que décrit Bruno Marzloff est une réalité que connaissent bien les Franciliens. Les mutations qu'il évoque ont un impact direct sur la façon dont nous nous déplaçons et interrogent par conséquent la manière dont nous organisons la vie collective. C'est ce que nous tâchons de faire en Île-de-France. Dans tout ce que pointe l'auteur, je distingue en particulier trois enjeux pour l'institution régionale.

Le premier est d'ordre territorial. Face au besoin de mobilité, tous les territoires franciliens ne sont pas égaux. Même si l'on cherche à réduire les déplacements contraints pour miser sur les mobilités choisies, il reste encore des territoires mal desservis – et en particulier les quartiers populaires et certains territoires périurbains. Ce sont souvent les mêmes qui ne peuvent pas profiter des potentialités offertes par le numérique, faute d'infrastructures adéquates. C'est la raison pour laquelle nous nous sommes engagés à réaliser le Grand Paris et que nous portons un projet d'équipement en fibre optique sur tout le territoire francilien.

Le deuxième enjeu relève de notre capacité collective à anticiper ces mutations du travail. Cela nécessite de voir loin : dans quel espace vivront les Franciliens en 2030 ? C'est le cœur du projet de Schéma directeur que nous allons adopter d'ici la fin de l'année. Cela nécessite aussi d'agir dès aujourd'hui. Nous avons été l'une des premières collectivités à développer les tiers lieux – et en particulier les espaces de *coworking*. Nous souhaitons aussi que les compétences du STIF (Syndicat des transports d'Île-de-France) s'élargissent : c'est un bon outil pour encourager les mobilités créatives et les articuler avec l'offre de transport existante. Grâce au nouvel acte de décentralisation, nous pourrons enfin accompagner les entreprises dans le développement de l'économie servicielle. Le soutien que nous voulons apporter à l'entreprenariat dans les quartiers s'inscrit dans cette perspective.

Mais le changement qui s'opère est aussi plus rapide que son acceptation. Tous les habitants de l'Île-de-France ne le vivent pas au même rythme. Nous devons donc fédérer, rassembler tous les acteurs, pour que chacun s'en trouve partie prenante. C'est le troisième enjeu, démocratique, de ces mutations. Elles ont fait naître aussi une exigence plus forte de transparence de la sphère publique et de nouvelles opportunités d'associer les citoyens à la prise de décision. En ouvrant les données publiques, en renforçant la concertation grâce au numérique, nous voulons en faire un atout au service de tous.

Jean-Paul Huchon,
président du conseil régional d'Île-de-France.

Introduction

« Sans bureau fixe ». L'expression renvoie à la précarité. Il en sera question ici. Mais elle fait aussi référence aux localisations diverses du travail, s'échappant du siège. La dispersion du travail s'est installée avec le soutien des terminaux mobiles. Cet éparpillement fait surgir des difficultés et permet d'un autre côté de repenser conjointement chacun des deux éléments du couple mobilité-travail. Des tensions entre ces deux éléments, les salariés retiennent les efforts croissants qui leur sont demandés et d'autre part, ils engagent des démarches originales pour y répondre. Cela retentit sur la nature du travail comme cela affecte aussi les mobilités et l'aménagement du territoire.

Les écartèlements entre domicile et travail agissent comme les révélateurs d'un malaise diffus. Un travail rigidifié dans ses formes classiques est en tension avec un urbain qui ne cesse de s'étendre au risque de perdre l'appellation de ville. C'est la métropole, ni anticipée, ni voulue, ni maîtrisée. Souvent longs, pénibles et chronophages, les déplacements entre les deux pôles de vie cristallisent des enjeux de qualité de vie, d'économie, d'environnement, d'aménagement territoriaux. Ces itérations récurrentes et obligées deviennent à ce point insupportables pour les travailleurs que des alternatives diverses s'esquissent. Certains récusent la fatalité d'un déplacement vers le travail qui ronge leur quotidien et ce faisant, inventent conjointement d'autres formes de travail, d'autres mobilités et d'autres rapports à la résidence. La dialectique entre la fin d'un modèle de mobilité du travail et les pistes innovantes du travail de la mobilité est le fil proposé ici au lecteur. Car de ces tensions procède nécessairement une prospective. Ce sont en tout cas des analyses dont les acteurs peuvent se saisir. Les politiques sont confrontées à des impasses, les entreprises cherchent d'autres modèles de productivité, tout comme la galaxie des opérateurs intervenant au sein de ce complexe « travail-mobilité ». En effet, la réponse classique par une croissance de l'offre de transport n'est plus la solution, ou plutôt l'enchaînement offre-demande de transport crée plus de problèmes qu'il n'en résout. Si le travail n'est pas l'unique responsable des dysfonctionnements des transports en général, il est le moteur le plus exacerbé de ses mobilités subies. Rétablir un équilibre entre mobilités choisies et mobilités contraintes et entreprendre de réduire au mieux ces dernières pour mieux exprimer les premières, c'est apaiser un système inflationniste où l'offre court toujours après une demande qui n'en veut pas tant. Voilà pourquoi il convient de réfléchir aux transitions des mobilités. Mais corriger les délitements des itérations, c'est intervenir sur les éparpillements des territoires et des temps. Au-delà, il existe aussi une raison de se pencher sur le devenir des mobilités, cette capacité impressionnante qu'ont les gens de détourner la mobilité-transport pour se saisir de mobilités créatives et inventer des agilités des usages. Chercher des solutions ailleurs que dans le transport, c'est un exercice dans lequel les usagers s'avèrent plus créatifs que la puissance publique et les opérateurs. Il s'agit de reformuler à l'occasion des bassins de vie plus heureux, en tout cas plus en phase avec une maîtrise des proximités dont l'automobile nous a progressivement éloignée. Il est question d'héberger d'autres activités autant que de tirer parti de ces mobilités inventives pour se construire d'autres modes de vie.

De fait – puisqu'elle lui est directement associée –, c'est dans cette tension que s'inscrit l'autre transition, celle du travail. Si la révolution du travail ne se résume évidemment pas aux surcroîts de déplacements, il se trouve que le travail mobile – c'est-à-dire les activités professionnelles réalisées hors du siège principal du travail – recèle une double requête. Contenir, voire réduire les débordements de la demande de déplacements d'une part (c'est la réponse à la question de l'extension démesurée des transports). D'autre part et c'est là l'essentiel, le travail mobile est l'expression d'une échappée d'un travail qui bute sur des concepts obsolètes. Les digues d'un emploi pérenne se fissurent très vite, laissant place à des modèles plus agiles et autonomes d'auto-entreprises et de travail en commun. Tout comme l'inflation des mobilités, le système ne peut contenir et retenir un mode de travail qui atteint ses limites. Comment, où, quand et pourquoi travaillons-nous ? Les sauts majeurs dans les technologies, dans la démographie et dans l'économie sont autant d'occasions d'interroger les modèles d'organisation et de productivité, d'investiguer d'autres accomplissements du travail, d'explorer d'autres formes d'emploi et d'hébergement. La flexibilité n'est pas forcément là où l'imagine. Aujourd'hui, des formes très labiles d'organisation du travail apparaissent. Elles surprennent...

Ce livre se penche sur les signes variés de délocalisations et de désynchronisations du travail, sur la mobilisation d'outils inattendus et sur les formes collaboratives du travail. Aux transitions du travail et des mobilités se greffe celle des territoires. La forme de la ville est durablement affectée par le couple « automobile-travail », par l'extension inexorable de la première (l'automobile) et les rigidités du second (le travail). La consolidation massive de ce duo durant ces cinquante dernières années a produit des métropoles que nous n'avons ni choisies ni dominées. Que fait-on alors de ces villes étendues aux limites des craquements ?

PARTIE I
Diagnostics des transitions

« L'une des choses les plus improductives de notre économie est de déplacer chaque matin des millions de personnes vers des zones de travail puis chaque soir vers leur domicile. »[1]

Alvin Toffler

1. Alvin Toffler, *Le Choc du futur*, Denoël, 1971.

– 1 –

Les tensions du couple travail-mobilité

Déséquilibres territoriaux

Des périphéries se vident au petit matin des jours de travail, le centre de l'agglomération et quelques pôles extérieurs empilent les résidents permanents et les résidents temporaires, en attente du reflux de la fin de journée. Le montage vidéo[2] réalisé sur la base de données horaires des déplacements au sein de l'agglomération lyonnaise souligne l'importance de la vague et de son reflux récurrent. Le commentaire précise qu'il s'agit essentiellement de travailleurs, soulignant simplement une stase en fin de journée, quand les travailleurs font escale dans des commerces et services avant de rentrer chez eux. Cette figure générique est un symptôme à prendre en compte pour entrer dans le sujet.

Toutes les agglomérations du monde connaissent ce phénomène avec des variations diverses. Dans sa version paroxystique, cela renvoie à une actualité récente. À São Paulo, les conditions catastrophiques des déplacements ont

2. « Les pulsations urbaines », vidéo réalisée par le CERTU, le CETE de Lyon et l'université Lumière Lyon 2, revue *M@ppemonde*, n° 99, mappemonde.mgm.fr.

révélé une crise sociale. En juin 2013, une augmentation de 0,07 euro du ticket de transport a mis dans la rue plus d'un million de Brésiliens, et 75 % d'entre eux ont déclaré soutenir le mouvement de protestation. L'annonce des investissements prévus pour la Coupe du monde de football, à défaut des dépenses d'infrastructures de transport ou d'autres solutions de déplacements domicile-travail, a été entendue comme un défi au sort des travailleurs. La situation y est pire qu'ailleurs. Le déficit de l'offre de transport, au-delà des thromboses journalières et du poids économique du transport (ce poste pèse plus de 26 % dans le budget des familles), provoque le stress, l'inconfort, la perte de temps (le temps moyen de déplacement est de 2 h 45 par jour) et de productivité des travailleurs, et maintenant leur ressentiment. Un article parle d'apocalypse, amenant dans les jours qui suivirent une promesse d'investissement de la part du gouvernement brésilien de 27 milliards d'euros dans les transports publics. L'exacerbation de la circulation motorisée y est telle que ceux qui peuvent se le permettre pratiquent l'hélicoptère, ajoutant l'injustice aux autres séquelles. Les itérations distendues entre le logement et le travail sont la cause essentielle de ce qu'il faut bien appeler une crise du travail.

La conjonction de la crise du travail et de la crise des mobilités emporte des conséquences dans les organisations des travailleurs et conduit les autorités à multiplier les infrastructures. Ainsi, à Caracas, il est devenu courant de se rendre à son travail à trois heures du matin, voire de dormir en bas de son bureau pour éviter les bouchons. La bascule massive de la voiture aux transports publics dans le traitement des trafics n'y suffit pas. Les efforts considérables d'équipement

– comme le remarquable TransMilenio[3] de Bogota – s'épuisent à rattraper la fuite en avant des déplacements, et n'y parviennent pas. Le métro de Shanghai qui mit en service sa première ligne en 1995 est devenu en moins de vingt ans le plus long réseau de métro du monde avec ses 12 lignes et 439 kilomètres de voies. Pourtant, il peine à absorber ses débordements de flux et prévoit de doubler ses lignes d'ici 2020. Une offre qui court derrière une demande manifestement irrattrapable, cela s'appelle un cercle vicieux. Comment s'en extraire ?

Les limites du transport-travail

Dans les métropoles françaises, ces excès sont à la mesure de leur taille et de leur démographie débordante. Les campagnes et les petites villes sont encore largement épargnées, mais elles seront un jour rattrapées. L'engagement de 29,5 milliards d'euros au titre du Grand Paris Express, projet de réseau de 200 kilomètres de métro et de 72 nouvelles gares autour de Paris, est une tentative incertaine de remettre l'offre à niveau. Voilà une première raison pour laquelle le couple travail/transport mérite notre attention. Les limites de l'indissociable duo sont désormais atteintes, voire dépassées, au moins sur ces territoires critiques.

Les métropoles sont des villes qui ont grandi démesurément. Faute d'avoir cerné ces démesures, la société persiste à les traiter comme des cités. De fait, l'organisation classique du travail génère des étirements insoutenables et un modèle

3. Créé en décembre 2000, ce réseau de bus de 87 km est victime de son propre succès. Souvent bondé, l'accroissement de l'offre n'y change rien.

de construction de mauvaises mobilités. Elle produit une série d'externalités peu enviables, à commencer par des mobilités négatives – superflues à bien des égards, et accompagnées de congestions et de retards intrinsèques. En réalité, la crise des transports masque une crise du travail. L'une et l'autre interpellent l'aménagement du territoire et appellent une réflexion sur la transition du travail pour s'extraire du piège, c'est l'équation de ce livre. Il se trouve justement de multiples issues inventives pour desserrer l'étreinte.

Nous avons du mal à nous saisir du phénomène tant il est difficile de se défaire du principe d'un travail proche du domicile, en temps et en parcours. Pourtant cette réalité se dément au rythme des métropolisations. De 1999 à 2008, l'espace des grandes aires urbaines déterminé par les itérations domicile-travail s'est étendu de 40 %[4]. L'extension continue des systèmes de transport est dévoreuse d'espace. L'issue est alors fatale si on ne change pas de logiciel de mobilités. On veut retenir une proximité physique fantasmée quand on pourrait reconstruire d'autres voisinages en s'appuyant sur des ressources humaines (autonomie / engagement individuel / empowerment), sociales (réseaux sociaux / communautés) et technologiques (faire fonctionner le quotidien à distance) ; mais aussi des hébergements (tiers lieux) à inventer pour dépasser les limites d'un labeur fossilisé dans ses formes traditionnelles. Que le travail se transforme ! Il l'a toujours fait. La difficulté à accepter ses ruptures

4. En 25 ans, la distance moyenne domicile-travail a crû de 60 %. L'urbaniste Jean-Marc Offner rappelle la conjecture de Zahavi, théorie selon laquelle « la vitesse ne fait pas gagner du temps, mais consommer de l'espace », *in* Thierry Paquot (dir.), *Repenser l'urbanisme*, Infolio, 2013.

actuelles est à la mesure de la déflagration. Un rapide tour d'horizon conclut qu'elle est considérable et qu'elle s'accélère. Causes et conséquences se télescopent sans qu'on sache les démêler et brouillent le paysage, rendant nécessaire une bonne dose de sagacité.

La pérennité a-t-elle une fin ?

La représentation du travail s'enkyste dans un modèle dont tout dit qu'il s'épuise. Il devient difficile de maintenir le principe du plein emploi. L'obsolescence du modèle guette. L'incertitude s'y attache progressivement, en rupture avec la trajectoire durable garantie jusqu'alors par la société.

Un glissement sans fin d'un travail pérenne vers des formes précaires s'observe sur le champ social. Le taux d'emploi chute, les files de chômeurs s'allongent, et les CDI cèdent aux CDD. Les dimensions précaires du travail s'affirment pour une large partie des 28 millions d'individus au travail en France. Les déclassements entre la formation acquise et le métier trouvé affectent l'ensemble du corps de l'emploi. L'entrée sur le marché se durcit et laisse au bord de la route une part importante des juniors, des séniors et des non qualifiés, souvent des femmes. La flexibilité du travail s'exerce aux dépens des jeunes d'abord, les amenant à considérer que la précarité n'est plus un accident, mais un état.

En juin 2013, le Centre d'études et de recherches sur les qualifications (CEREQ) note que les deux tiers des embauches des jeunes entrants se font en CDD et que la tendance est à une consolidation de l'emploi à durée déterminée. Un article du *Washington Post* évoque la vague considérable des *solopreneurs*[5] pour souligner la montée inexorable du travail indépendant. L'appellation angélique – et que je critique ici – de « classe créative »[6] qui désigne une population urbaine, mobile, qualifiée et connectée ne doit pas masquer la précarité attachée à l'auto-entreprise.

La stabilité et la pérennité de l'emploi forment encore l'idéal de la république des travailleurs. Quand en 2005, la présidente du Medef, Laurence Parisot, avait proclamé au culot : « La vie, la santé, l'amour sont précaires, pourquoi le travail échapperait-il à cette loi ? », elle avait choqué l'opinion publique. Pourtant, qu'on feigne de les ignorer ou qu'on refuse même d'en prononcer le nom, les voyants de cette insécurité sont indéniables. Au point que le programme Digiwork[7] de la Fing qui explore la crise du travail évoque, à propos des auto-entrepreneurs, une légalisation de la précarité. Pour certains, « nous sommes rentrés dans une ère où les destructions d'emplois pourraient bien être durablement supérieures aux créations »[8]. On peut fustiger la déconstruction du cadre protecteur, il reste que la rupture s'avère irrépressible.

Pour l'Insee[9], « le regain récent des indépendants est un signe d'adaptation à la crise ». L'autonomisation des pratiques et l'initiative attendue du travailleur se cristallisent dans la multiplication de free-lance, d'auto-entreprises et de

---

5. *Solopreneur* : terme anglais qui signifie un entrepreneur travaillant seul, créant et gérant son propre travail.
6. *Cf.* Richard Florida, *Cities and the Creative Class*, Routledge, 2005.
7. Ce programme entreprend de repenser la place des individus au travail dans une société numérique, www.fing.org.
8. Dominique Turcq, « Le modèle "collaboratif" va détruire des emplois », *LesEchos.fr*, juin 2012.
9. « 50 ans de mutations de l'emploi », 2010, Insee.fr.

startup. Selon l'espace de coworking parisien, Mutinerie, la France est passée de 9,6 % d'indépendants en 2007, à 11,6 % fin 2012. On en compterait 35 millions aux États-Unis contre 27 millions en Europe. Un récent ouvrage mentionne que « 60 millions de travailleurs américains n'auront pas d'employeurs en 2020, soit 40 % de la force de travail »[10]. Cette croissance rapide s'accompagnerait d'une revalorisation nette du travail indépendant par rapport au travail salarié[11]. Le néologisme « permittent » résume parfaitement cet étrange glissement du permanent à l'intermittent. Pourtant, le tissu économique tire aussi sa puissance de ces structures très légères, voire unipersonnelles. Les auto-entreprises sont encore en progression au premier trimestre 2013 pour atteindre 893 000 unités. Les 3 400 000 TPE (très petites entreprises) représentent 94 % des entreprises françaises et plus de 35 % de la population active. Si la volonté de liberté conduit à revendiquer et à confronter des formes originales de vivre et travailler « ensemble-dispersé », il s'agit tout autant d'une réaction à la faiblesse de l'offre. Cela fait dire aux Espagnols durement affectés par le chômage que « créer son propre emploi est devenu plus simple que d'en trouver un ». Le raisonnement vaut aussi de notre côté des Pyrénées, où « 50 % des Français envisagent de créer leur entreprise ».

---

10. Ryan Coonerty et Jeremy Neuner, *The Rise of the Naked Economy : How to Benefit from the Changing Workplace*, Palgrave Macmillan, 2013.

11. *Cf.* Michel Pébereau et Eudoxe Denis, « Le travailleur indépendant, figure du XXIe siècle ? », *in* « L'entreprise de demain : mode d'emploi », *Sociétal*, Hors-série spécial Université d'été du MEDEF, septembre 2010.

Mais où est passée la productivité ?

En 100 ans, le temps dédié au travail a diminué de 70 %, la durée de la vie a augmenté de 50 %, et celle du temps libre de 300 %. « Nous n'y consacrons plus que 10 % à 12 % de notre existence contre 40 % il y a un siècle. »[12] Serions-nous sur une pente angélique ? Non ! Les économistes Paul Krugman et Gilbert Cette parlent à l'inverse de panne de productivité[13]. On attend de l'irruption de la donnée et de ses services intelligents un retour des couleurs pour l'économie. Selon le rapport McKinsey, « le Big Data est un secteur clé pour augmenter la productivité, rétablir une croissance durable et booster la création d'emplois aux États-Unis ». Mais cette révolution ne loge-t-elle pas plutôt (ou aussi) dans des organisations allégées de contraintes pour libérer la performance du travailleur ? C'est la thèse de l'économie collaborative, gagnante sur le front de la productivité mais perdante quant à l'emploi[14].

Ce qui réduit la compétitivité mérite au moins autant d'attention que ce qui la détermine. Pour le dire autrement, à quoi sert d'accumuler des points par l'instauration de technologies si leurs gains sont contrariés par des pertes ailleurs. Indubitablement, le transport lié au travail a une part conséquente dans cette panne. En termes de coûts directs induits par les bouchons, les déplacements en voiture coûtent

12. Jean Viard, « Faisons ville ensemble », *La Tribune*, avril 2013.
13. « La productivité aux États-Unis, est passée d'un rythme de 1,8 % l'an de 1995 à 2004, à 0,4 % depuis. En France, elle est devenue négative ! », Éric Le Boucher, *Les Échos*, juillet 2013. En Europe, le score de productivité fait du surplace, passant de 103,39 en 2011, à 103,45 en 2012, selon Eurosystem.
14. Dominique Turcq, *op. cit.*

5,6 milliards d'euros à l'économie française[15]. Et ce n'est là qu'une des externalités parmi d'autres.

Sur le versant économique, la mobilisation massive du numérique au sein du travail accompagne apparemment un glissement vers un modèle flexible qui n'exclut pas les tensions. L'économiste Pierre-Yves Gomez[16] rappelle qu'« en Europe, en 2010, 62 % des salariés travaillent selon des délais serrés au moins un quart de leurs temps, et 74 % doivent respecter des normes précises de qualité dans leur travail ». Cela fabrique le paradoxe irrésolu de moins d'emplois. Sans signes de renversements, comment assumer ces dérives ? La question se répète au fil des points énoncés dans ce chapitre.

D'autre part, les espoirs de réduction du temps de travail comme variable d'ajustement ont été déçus. L'inverse prévaut. Les 35 heures sont un souvenir : la moyenne de 38,9 heures en 2003 n'a cessé de croître pour atteindre 39,5 heures en 2011[17]. En conséquence, après une baisse durant un siècle de la durée affectée au travail au sein d'un parcours de vie, le taux d'emploi des séniors et l'âge de la retraite partent à la hausse[18]. La prolongation du temps d'activité accompagne certes l'allongement de l'existence mais dessine ce faisant un profil de vie des actifs différent.

15. Soit 623 euros par foyer se déplaçant en voiture. 73 % des actifs se rendent à leur lieu de travail en voiture et passent 58 heures par an dans les bouchons, voir www.inrix.com.

16. Pierre-Yves Gomez, *Le Travail invisible : Enquête sur une disparition*, François Bourin Éditeur, 2013.

17. Insee, Enquête emploi 2003-2011. Calcul Dares.

18. Parmi les plus de 55 ans, 29 % étaient au travail en 1995. Ils sont 41 % en 2013.

Entreprise centripète, travail centrifuge !

Les emplois épousent la dématérialisation ouvrant la voie à un travail distancié. Dans le même temps, des entreprises concentrent dans leur siège des unités éparpillées, au risque d'ajouter à l'embolie des parcours motorisés une thrombose de la gestion des relations humaines.

Si moins d'un tiers (29 %) des transports sont motivés par des activités professionnelles, ils représentent 42 % du temps que les Franciliens consacrent à leurs déplacements et 54 % des distances parcourues en semaine[19]. Ainsi, la Seine-Saint-Denis héberge depuis peu les sièges de Generali, d'Orange, de SFR, avant d'accueillir ceux d'EDF et de GDF. La SNCF y installe 3 000 salariés en août 2013 près d'une station de sa ligne RER, sans crainte de se contredire : l'opérateur en était arrivé en effet à recommander aux entreprises franciliennes de ne pas se fixer près des gares ! Ces sociétés y rassemblent leurs salariés pour profiter d'un foncier moins cher. L'agrégation des activités en un lieu unique produit un résultat peu connu. Pour une entreprise dans un immeuble, le second poste de dépenses après le loyer (31 %) est dû aux déplacements, aux voyages et à la flotte de voitures (24 %, qui n'incluent pas l'intégralité des dépenses des salariés), loin devant la téléphonie et la bureautique (10 %)[20].

19. Enquête globale transport, STIF et DRIEA, 2011. Pour leur part, les actifs consacrent 54 % de leurs déplacements au travail, soit plus de 70 % de leur budget-temps de déplacement quotidien et plus des trois-quarts des distances parcourues un jour de semaine.

20. Selon le Syndicat professionnel des entreprises de multiservices immobiliers (Sypemi).

La tension entre le centripète et le centrifuge semble pourtant heurter le sens de l'histoire, qui s'inscrivait plutôt dans le démembrement spatial des entreprises. Cette concentration n'est-elle pas antinomique d'une émancipation de ces polarités et d'une organisation en centres urbains équilibrés à l'échelle métropolitaine, régionale, voire nationale ?

Tandis que la connaissance s'insère vite dans les activités professionnelles, le numérique s'impose comme médiateur universel des échanges et libère des possibilités d'actions à distance. Mobilisant ces mêmes ressources, le travailleur prend ses distances avec l'entreprise centripète et revendique des formes plus libres. Il bouleverse ce faisant son réseau d'activités, quitte à introduire d'autres acteurs dans le cercle des protagonistes. Les contours du travail se floutent. Ce conflit de la distance vis-à-vis de l'entreprise est aussi celui de la dépendance contre la confiance – et donc la liberté de manœuvre à accorder au travailleur éloigné de sa hiérarchie.

Les « bordures » du travail

Ces évolutions affectent la charpente du quotidien du travailleur. Les porosités de l'activité professionnelle posent la question du « péri-travail », expression forgée par le sociologue Éric Le Breton. Les organisations des ménages reposent sur l'arbitrage entre des déplacements en croissance, des rythmes découplés de ses membres et des accès difficiles vers et depuis le logement. L'exercice de conciliation des temps et de gestion des azimuts éparpillés devient acrobatique. Il appelle d'autres stratégies quand il ne plonge pas les ménages dans des culs-de-sac.

Le territoire ne sort pas indemne des transformations du travail. Certes celui-ci n'est pas le seul coupable de dérives des villes-dortoirs et des villes-travail, ni des étirements progressifs domicile-travail. L'urbanisation, quand elle rime avec métropolisation, ne vaut pas concentration des activités. Au contraire ! La dilution et parfois la disparition des proximités soulèvent la question des allongements entre le logement et les ressources de la ville.

L'employeur ou le commanditaire ne sont pas les seuls responsables du dérapage abusif de la durée de travail, mais ils en sont indéniablement les moteurs. Un brouillard s'immisce dans les plages horaires. Les mobilisations insidieuses de ces plages hors normes laissent irrésolus des périmètres de temps, autrefois clairement tranchés, entre la vie professionnelle et les autres sphères. L'exploration des porosités entre ce monde actif et les autres univers fait apparaître des bordures surprenantes. Où commence et où s'arrête le travail ? L'entremêlement des activités professionnelles et personnelles est si conséquent que la frontière entre les identités de ces sphères explose sous les coups de boutoir du délitement du travail. Ce dernier se glisse subrepticement dans les plis d'autres temps.

Transitions des mobilités

Le travail est si structurant qu'il concentre les travers de la société et les révèle. Ainsi, ses dérèglements fabriquent ensemble une mobilité contrainte pour le navetteur et participent de l'élargissement de la métropole. On gardera à l'esprit que l'extension du périmètre de la métropole joue comme un facteur exponentiel de l'augmentation des transports motorisés. Or, dans un raisonnement qui exclut la densité dans ses périphéries, la ville s'étend plus vite que sa population et ses déplacements encore plus, produisant une spirale insensée dont les extrapolations font frémir.

Pour en savoir plus :

– Le nombre de citadins croîtra de 75 % dans le monde d'ici 2050. En 2025, la planète comptera 37 mégalopoles, dont chacune aura une population supérieure à 10 millions d'habitants[21]. L'Organisation de coopération et de développement économiques (OCDE) rappelle que ces agglomérations géantes occupent 2 % de la surface du globe, consomment les trois quarts de l'énergie produite et émettent 80 % du CO_2 d'origine anthropique[22]. Les transports représentent 49 % des énergies utilisées (26 % en 1973)[23].
– Par rapport à l'année 2000 et en projection 2050, les trafics en milieu urbain n'augmentent « que » de 25 % (les trafics régionaux et interrégionaux subissent une hausse de plus de 40 %), en étant marqués par une forte progression des transports en commun[24].
– Hors marche à pied, en Île-de-France, le nombre de déplacements quotidien est passé d'une moyenne de 2,02 en 1976 à 2,39 en 2010. En prolongeant mécaniquement cette tendance, celle-ci pourrait s'établir à 2,59 en 2030. À cela s'ajoutent des projections démographiques. Selon l'Insee, en Île-de-France, l'augmentation serait de 10,7 % entre 2005 et 2030 (scénario moyen). Pour compléter cette mesure des inflations, il faut tenir compte de la croissance de l'espérance de vie et celle de la portée des déplacements. N'oublions pas les effets de seuil qui exacerbent les congestions. Sur l'Île-de-France, les scénarios les plus sombres verraient une croissance, entre 2010 et 2030, de +10 % à +20 % du trafic des voitures – évolutions notoirement incompatibles avec les capacités du réseau.

21. Richard Dobbs et *al.*, « Urban world: Mapping the economic power of cities », mars 2011, sur www.mckinsey.com.
22. René Trégouët, « La Révolution : ce sont les urbains qui vont la connaître », juillet 2013, www.rtflash.fr.
23. *Cf.* le rapport « Bilan énergétique de la France pour 2012 », Commissariat général au développement durable.
24. Yves Crozet, « Mobilité durable : des inflexions aux ruptures, quelles politiques publiques », Laboratoire d'économie des transports (LET), disponible sur le site des archives ouvertes HAL-SHS.

Ce futur rejoint les images dantesques que l'on découvre entre autres à Pékin, São Paulo ou Caracas. On pourrait aussi bien parler de Moscou dont le maire adjoint remarque ingénument qu'il n'y a pas assez de rues pour absorber les 700 000 automobiles qui bloquent le trafic, et encore moins pour accueillir le parc de 4 millions de véhicules de la capitale. Gérer cette poussée de la demande est insoutenable. Dans ce contexte, les mobilités physiques deviennent des variables d'ajustement entre les formes de la ville et les modes de vie. De leur côté, les transports publics reçoivent l'injonction de régler les problèmes des échelles territoriales, des agendas éparpillés et de l'allongement du trajet domicile-travail. La métropolisation accélère ces écarts de distance et de durée. Faute d'une multipolarité qui prendrait le relais, les autorités raisonnent sur une immense ville écartelée. De nouvelles infrastructures génèrent alors un surcroît de pratiques. Le jeu pervers d'une offre croissante, fabriquant *de facto* une inflation des mobilités qui enchaîne à son tour de nouveaux équipements, est à l'œuvre dans le cadre d'une extension territoriale continue. L'idée qu'en matière de mobilité l'offre crée la demande a été consolidée par la science mathématique et vérifiée par les faits. « Construire plus d'offres pour réduire la congestion, c'est comme relâcher sa ceinture pour prévenir l'obésité. »[25] Attaquer de front la génération de l'offre semble le meilleur combat contre cette surmobilité.

25. Cité dans « The remarkable manner in which new roads create new traffic », février 2013, www.roadswerenotbuiltforcars.com.

Car, si le déplacement ne fait pas partie du temps de travail, il en est pourtant son corollaire. Aller au travail, se traduit en moyenne par des centaines d'heures d'itérations annuelles. Pour s'extraire de ce cercle pervers, pour partir d'un autre pied et s'attaquer à cette énergie négative, je propose l'idée de démobilité, voire de « remobilité ». Car il s'agit autant de réduire les déplacements contraints que de capitaliser sur les mobilités choisies et d'autre part, de déployer des mobilités plus créatives.

En juillet 2013, le Conseil économique, social et environnemental (CESE) a proposé 29 mesures pour imaginer la transition énergétique des transports[26]. Cela oblige à s'interroger sur l'organisation de notre société : sur les modes de déplacement à privilégier, les infrastructures, les matériels et leur utilisation, l'impact des coûts sur la compétitivité, l'urbanisme, l'organisation du travail et des trajets... Au demeurant, aucune de ces mesures n'envisage la démobilité. C'est la preuve d'une difficulté culturelle à admettre que la transition énergétique en matière de transport passe par des réductions de déplacements, et encore plus à considérer que la démarche s'associe à la transition du travail. Pourtant, il s'agit là d'un des gisements les plus solvables d'économies d'énergie[27].

---

26. « La France s'est engagée à réduire de 20 % d'ici 2020 ses émissions de GES par rapport à 1990 et à atteindre le facteur 4 d'ici 2050. Les transports en 2011 représentent 26 % des émissions de GES en France et 32 % de la consommation finale d'énergie. » Voir « La transition énergétique dans les transports », juillet 2013, sur www.lecese.fr.

27. Une étude publiée au Royaume-Uni chiffre à 1,5 milliard d'euros l'économie en pétrole dans l'hypothèse où un travailleur sur deux ne se rendrait au siège que deux jours par semaine.

Un accord national interprofessionnel sur la qualité de vie au travail a été signé par les partenaires sociaux en juillet 2013. Destiné à « favoriser une meilleure conciliation entre vie personnelle et vie professionnelle par une articulation adaptée des temps », il convoque les dimensions territoriales du travail. Son article 20 rappelle le rôle du territoire dans ces remobilités ; en « proposant aux différents acteurs concernés des concertations territoriales intégrant dans leur objet les différents déterminants de la qualité de vie au travail, ainsi que les éléments résultants de la gestion territoriale des emplois et des compétences. » À l'instar du CESE, leurs responsables ne parlent pas de démobilité. En revanche, le diagnostic d'un enjeu territorial du travail ouvre la voie à la reconnaissance du travail mobile.

– 2 –

Les ruptures du travail et leurs signaux

Le transport et le numérique, agissant sur des registres divers, troublent la lecture du travail et réinterrogent ses formes traditionnelles. Panser les plaies des modernités d'hier est vain. Reste à engager la transition. C'est d'abord une affaire politique. Ces séquelles demeurent traitées par un outillage classique dont on attend des réponses mécaniques de hausse d'emploi et de compétitivité. C'est loin d'être le cas. Mais est-ce le bon regard ? Au-delà de ces observations, on perçoit *in fine* que le travail change de sens. Le modèle structuré et pérenne du salariat se lézarde au bénéfice d'autres qualités, formes et philosophies du travail. Il n'y a pas un travail, mais de multiples déclinaisons du travail. Leurs formes variées et souvent neuves coexistent, au moins sur un mode émergent.

André Gorz[28], fin observateur du travail, faisait déjà la distinction entre le travail fait pour gagner sa vie et celui réalisé par conviction ou par nécessité intérieure. Sans doute

28. André Gorz, *Métamorphoses du travail*, Galilée, 1988, édition de poche : Folio, coll. « Folio essais », 2004.

faut-il aussi parler des nécessités extérieures. Pierre-Yves Gomez quant à lui invoque l'*homo faber*. « Le travail doit être assumé comme le moteur de la société politique. »[29]

Un travail diffus, flottant et dispersé

Il s'agit d'autre chose que l'écart entre l'employé et l'entrepreneur. La transition du travail renvoie à un espace médiatique. La puissance documentaire d'internet et ses intenses circulations révèlent d'une part un travail orienté vers la connaissance et d'autre part, un dispositif relationnel. Marshall McLuhan affirmait que les impacts sociaux et individuels des réseaux découleraient d'une redéfinition du champ médiatique de la société. Internet crée des écosystèmes dotés de propriétés inépuisables. Avant de se déployer dans une escale, le travailleur s'inscrit dans écosystème mouvant. Son activité se déploie dans le mouvement. Les escales diverses pour un même travail sont aussi le fait des outils numériques. C'est ainsi qu'aux États-Unis, depuis 2013, les activités en ligne mobilisent désormais plus les terminaux mobiles que les PC[30]. C'est pourquoi la notion de travail mobile cherche d'autres sièges, d'autres rythmes, d'autres réseaux. Dans son sillage, d'autres finalités, d'autres manières de vivre le travail s'élaborent.

---

29. Pierre-Yves Gomez, *Le Travail invisible*, *op. cit.*
30. Les Américains s'adonnent aux activités en ligne depuis les supports mobiles pendant 2 h 21 par jour, soit 48 minutes de plus qu'en 2012, désormais un temps supérieur à celui dévolu aux écrans fixes. (Source : *Les Échos*.)

Des idées neuves :

– Les bureaux en coworking, les hôtels d'entreprise, les télécentres, les centres d'affaires, les living labs hébergent des formes différentes de travail et d'expériences. Ils s'adressent à des populations diverses, parfois mélangées, et prétendent souvent héberger d'autres ressources du quotidien.
– Les dynamiques – économique, territoriale, technologique – relèvent des incubateurs, pépinières et autres accélérateurs ; ce qui n'exclut en rien l'accueil de travailleurs et de startup.
– Les novations de fab labs, d'info labs, de hackatons et autres barcamps[31] désignent des outils de concertations et de mobilisation d'usagers et de citoyens.

Logiquement, cette effervescence est amenée à perdurer. Voilà pourquoi une autre parallaxe s'impose qui part d'un diagnostic des mobilités du travail. Leur mutation lente, mais irrépressible et conséquente, dépeint à qui veut les voir un paysage singulier. De fait, le travail ne se résume pas à l'activité professionnelle intrinsèque. Le travail, ce sont aussi des espaces, des temps, des réseaux. Ils sont dispersés, labiles et évolutifs. Les stratégies des travailleurs s'incarnent ailleurs qu'au siège de l'entreprise, s'évadent des scansions rigides du quotidien et d'autres cycles, et activent d'autres collaborations que celles d'hier. Si ces évolutions ne forment pas encore un modèle, elles signalent des ruptures.

Nous ne partons pas d'une feuille blanche. Les signaux s'amassent, les initiatives fleurissent. Le temps de travail des

31. Le fab lab (laboratoire de fabrication) désigne un lieu ouvert à tous où est mis à disposition du public une variété d'outils pouvant créer à peu près toutes sortes de choses. Le concept d'info lab, créé par la Fing, entend tirer partie de la production, la réutilisation et l'exploitation des données. Un hackathon est un événement où des développeurs se réunissent pour faire de la programmation informatique collaborative. Le barcamp est un atelier-événement participatif où le contenu est fourni par les participants qui doivent tous, à un titre ou à un autre, apporter quelque chose.

« répondants en ligne » se déroule hors du siège principal de l'entreprise pour 31 % d'entre eux, et pour 37 % le soir, au-delà des horaires usuels du travail[32]. Un travail diffus (dans la géographie), flottant (dans la durée) et dispersé (dans ses modalités) est une rupture sociale. Elle appelle le remaniement des organisations, des ruptures politiques et s'ouvre sur d'autres perspectives économiques. Les révolutions de la nature et des statuts du travail se couplent à une productivité du travail en mode agile. En d'autres termes, l'efficience de la production repose sur une part croissante d'autonomie organisationnelle des travailleurs et sur un mode collaboratif, mobilisant de multiples réseaux.

Les tiers lieux et l'aménagement du territoire

La localisation unique du travail au siège de l'entreprise est condamnée, à terme. L'entreprise ne résistera pas longtemps aux promesses de productivité de ce travail centrifuge. Divers craquements du modèle historique du travail s'observent ici et là. De son côté, la puissance publique ne peut pas ne pas réagir. Elle le fait en Île-de-France, où la région a lancé en 2012 et 2013 des appels d'offres à la réalisation de télécentres ou en Aquitaine[33]. Elle le fait encore en enclenchant un discours audible pour les acteurs concernés se saisissant du télétravail comme socle d'une autre lecture du territoire, de manière à concevoir son aménagement en conséquence. Sans doute les premiers pas d'un décentrement du travail, à

32. « Prospective du travail mobile » étude quantitative menée en 2012 dans le cadre du projet WITE 2.0 (Work It Easy), en partenariat avec Chronos, Atos, Telecom ParisTech et Citica, disponible sur wite2-0.fr et sur groupechronos.org.
33. « Le travail à distance se rapproche », *SudOuest.fr*, septembre 2013.

l'instar des développements observés ici et là : les quelque 150 télécentres bâtis récemment à Amsterdam et dans sa région, les bureaux spontanés de coworking de Copenhague, la floraison de workplaces de New York City, la vague française des Cantines numériques, des EPN (espaces publics numériques) et autres tiers lieux aux contours bigarrés[34]. Même dérisoire, le nombre de ces bureaux partagés identifiés (ils ne le sont pas tous, loin de là) connaît une progression exponentielle dans le monde, passant de 1 130 à 2 150 bureaux communs entre 2011 et 2012, et 4 à 5 emplacements de coworking se créeraient chaque jour. Encore peu, ils seront beaucoup demain.

Il appartient aux autorités d'accompagner ce mouvement. Il faut pour cela en comprendre les mécanismes et en percevoir les bénéfices multiples pour la société. Stefana Broadbent en livre une analyse efficace : « Les pouvoirs publics, en Europe, devraient s'attacher à proposer des espaces de discussion, d'échanges [...] organisés selon une logique non commerciale, plus civique, et qui puissent faire circuler d'autres types de contenus. Le moment est propice ; c'est un rôle que les villes peuvent prendre. Le niveau local constitue la bonne échelle, parce que la plupart des contacts importants sont de proximité, et parce que les rencontres face à face sont préférées. Toutes les études le montrent : plus les échanges numériques augmentent, plus augmentent aussi les contacts en face à face. [...] Les villes doivent continuer à proposer des politiques favorisant les rencontres physiques, parce que le désir est celui-là. Le désir, c'est la rencontre. »

34. Pour illustrer les espaces de coworking, voir la vidéo « Passages from a space in time » sur www.mutinerie.org.

Ces relocalisations d'activités se formulent encore à tâtons et appellent un exercice de discernement. Les solutions éparpillées que l'on voit émerger et leur quête difficile de modèles économiques révèlent les limites du système actuel et l'urgence de trouver des issues. Selon Sandra Enlart et Olivier Charbonnier, « il n'y aura pas d'espace de travail type tout simplement parce qu'il n'y aura pas un modèle type de création de valeur ». Dans leur ouvrage[35], ils usent de la métaphore des plateaux de tournage pour rendre compte d'une malléabilité des espaces, se conformant à la volatilité des occurrences et à la plasticité du travail.

Il faut enfin entendre la vitalité de ces innovations. À New York, elle se formule dans un affichage tonique (accélérateurs, incubateurs) et se mesure à l'étendue des secteurs concernés : les technologies, mais aussi l'alimentation, la mode, le design, la santé, le biotech… À Paris, une myriade de fonds de capital-risque (dont Google et Microsoft) crée des espaces qui abritent des startup sous leurs ailes, tandis que les applications Bureaux à Partager, Bureau mobile ou Buro'nomade mettent en relation offreurs et demandeurs ; autant de preuves que le marché pense déjà aux tiers lieux et que la demande existe.

***

35. Sandra Enlart et Olivier Charbonnier, *À quoi ressemblera le travail demain ?*, Dunod, 2013.

Les constats que je viens d'évoquer nous ont amenés à créer un débat entre les acteurs du transport, des territoires et des entreprises sur ces développements[36]. Ce livre poursuit cette entreprise et prend en compte le complexe « travaux-mobilités » dans ses configurations singulières, comme issues sociale, économique et territoriale et levier d'autres urbanités. Il ne s'agit donc pas d'embrasser la révolution du travail mais d'en appréhender les ressorts. La commande de cet ouvrage est celle de notre éditeur, curieux de ce qu'il appelle la refondation du travail. L'attente d'un ouvrage court pour décrire un phénomène considérable explique certaines ellipses. Il s'agit de brosser à grands traits impressionnistes le paysage composite et complexe des blocages pour mieux en approcher les perspectives de transitions. La transformation du travail servant de socle à l'analyse, son réseau ferré en projet hébergerait dans cette hypothèse une partie du travail « relocalisé ». La métropole francilienne exacerbe en effet nombre des excès évoqués ci-dessus. Si le Grand Paris a cinq fois plus de stations de métro, pour une population six fois moins nombreuse que São Paulo, cela n'exclut pas les difficultés des travailleurs-navetteurs franciliens et les tracas des opérateurs de transport et des autorités de tutelle face au piège d'une croissance peu raisonnable, voire impossible des infrastructures. Passer plus de 2 heures dans les transports est une réalité de tous les jours pour 22 % des Franciliens.

36. Le cabinet Chronos a pris l'initiative du colloque « Demain le travail mobile », avec le journal *Le Monde*, février 2012, www.chronosconference.org.

– 3 –

Le travail : 50 nuances de mobilités

À travers ses interfaces inédites de mobilités, le travail offre un point de vue entre un territoire en transformation et un quotidien labile. Le premier doit faire la preuve de ses capacités d'adaptation face aux agilités du second. Il faut alors entendre le terme de mobilités au pluriel, explorer ses acceptions les plus ouvertes et considérer en regard les ruptures du travail. Cette confrontation s'avère féconde.

Une mobilité physique en bout de course

Commençons par la lecture la plus réductrice du mot mobilité, celle qui conduit chaque travailleur à une itération récurrente et allongée de son domicile au travail. Elle révèle une fuite en avant des transports motorisés et ses incidences diverses. S'agissant de la mobilité physique, faut-il tenter de rattraper une demande qu'on sert mal – avec son lot de congestions, de temps perdu, de séquelles environnementales, de fatigue et de productivité en berne ? Héritage de la domination de la voiture et de l'étalement urbain, les déplacements constituent le deuxième poste de dépense des ménages français[37]. Pour les collectivités locales concernées, c'est souvent la première ligne budgétaire des dépenses. La question de la soutenabilité se pose, alors que le financement des transports collectifs par la puissance publique et les entreprises atteint ses limites et que le système est jugé structurellement déficitaire.

Pour en savoir plus :

« L'analyse réalisée par le CNRS et le Laboratoire d'économie des transports est un coup de semonce à la démesure. De 923 euros par an en 1995, les déficits des réseaux de transport en commun (en véhicule/km) ont presque doublé en dix ans, atteignant 1 612 euros en 2005. Si l'architecture financière des transports publics demeurait en l'état, ajoute ce rapport, les collectivités devraient débourser 63 euros supplémentaires par an pour chaque usager d'ici 2015, passant de 80 à plus de 140 euros (l'Île-de-France en est déjà à 112 euros en 2012). De quoi faire frémir les autorités organisatrices ! »[38]

Comment alors soulager les collectivités ? Il existe deux possibilités : la première consiste à mieux redistribuer les coûts et les charges ; la seconde s'intéresse à réduire les uns et les autres. Et là s'ouvrent encore d'autres options. Ce seront les nôtres.

37. Soit 16,9 %, stable depuis 2005. *Cf.* « Les comportements de consommation en 2011 », www.insee.fr.

38. Julie Rieg, « Dérives des déplacements et maîtrises d'usages », Chronos, 2009. L'analyse fait référence à l'étude publique « Prospective pour un Financement Durable des Transports en commun », 2008, www.developpement-durable.gouv.fr.

Le dilemme des infrastructures de transport

Doit-on dans ce sillage continuer à jouer la carte d'équipements de transport plus conséquents, au risque d'un acharnement thérapeutique et d'un épuisement des ressources de tous ordres ? Ce schéma recèle le risque de toujours plus d'infrastructures pour plus de déplacements, alors que la société n'a d'ailleurs sans doute plus les moyens de cette politique obsolète. La logique des flux qui régit l'espace de la ville s'exacerbe avec la croissance de la métropole. Créer une nouvelle ligne de tramway ou de RER ne rend pas forcément la population plus mobile et n'implique pas pour autant une détente de la demande. Au contraire ! Les externalités négatives croissent encore plus vite quand on persiste à répondre par de nouveaux équipements. Il serait plus judicieux de s'intéresser à l'heureuse formule de capital spatial[39] (voir *infra*, partie II). La métropole, tant qu'elle est régie à l'identique d'une ville, ne cesse de réduire ce précieux capital de ses habitants. Comment en recouvrer les maîtrises d'usage ? La question vaut pour les voyageurs, les opérateurs et la collectivité.

Déjà, le réseau SNCF Transilien prend acte des limites de ses infrastructures : 14 lignes, 381 gares, quelque 3 millions de voyageurs chaque jour, plus de 6 000 trains ; et il manquerait près de 7 milliards d'euros pour mettre le réseau à niveau.

---

39. Pierre Bourdieu a proposé les notions de capital culturel et capital relationnel. D'autres auteurs parlent de capital spatial pour désigner les ressources d'un acteur tirant parti de l'usage de la dimension spatiale de la société.

La métropolisation conjuguée à l'effet « capitale » renforce la tendance radioconcentrique et les congestions. Cette concentration se retrouve aussi dans les chiffres. Les circulations ferroviaires en Île-de-France représentent 40 % des circulations ferroviaires nationales pour seulement 18,8 % de la population nationale. La région voit passer 90 % des liaisons TGV. Centralisation, quand tu nous tiens !

En outre, 74 % des actifs franciliens estiment que la saturation des transports affecte leur quotidien de façon « importante »[40]. L'opérateur répond en conduisant une politique d'information en temps réel via des médias sociaux et des applications mobiles, animés en partie par les usagers eux-mêmes sur toutes ses lignes. À défaut d'un train à l'heure, le client peut développer une alternative. On peut parler d'autorégulations : les voyageurs corrigent par eux-mêmes les excès du système de transport.

C'est ainsi qu'est lancé Tranquilien en juin 2013, une application mobile qui, à partir d'une modélisation prédictive des données trafic, informe les usagers sur l'affluence des rames. Parallèlement, et encore à l'initiative du Transilien, des négociations s'ouvrent pour changer les horaires d'embauche des institutions et entreprises et soulager ainsi les taux d'occupation des trains (parfois plus 200 % aux heures de pointe). Ceci suffira-t-il ? Et surtout cela contiendra-t-il l'inflation à venir ? « Nous sommes demandeurs de démobilité », soutient Jean-Louis Jourdan, directeur Déve-

40. « Les usagers de la SNCF favorables aux horaires de travail décalés », enquête SNCF/IFOP, mars 2013. L'attente des voyageurs pour calmer le jeu des déplacements est forte. 58 % des Français ont diminué leurs dépenses auto, 40 % font moins de kilomètres, etc., enquête Sofres, 2013.

loppement durable de la SNCF. On en conclut que la SNCF cherche moins à développer son réseau qu'à en pallier les déficiences et à reconquérir une maîtrise des flux[41], avec comme priorité une consolidation des « trains du quotidien ».

Ce changement de cap traduit-il une stratégie par défaut ou est-ce au contraire l'amorce d'une autre lecture de la mission de l'opérateur ? À minima, il s'agit d'étaler les trafics et d'optimiser les taux d'occupation des trains. Une politique de réduction de la demande s'esquisse. Elle déporte ses efforts de nouvelles infrastructures vers la consolidation de celles qui existent et vers la création de services. Ce glissement permet d'affermir le capital spatial des usagers du territoire et de recueillir les bénéfices qui l'accompagnent.

41. « Le Premier ministre a confirmé les préconisations de la commission Mobilité 21. [...] Les lignes fortes sont reprises : priorité à l'entretien des infrastructures existantes, à la résorption des nœuds ferroviaires, à la mobilité de proximité. Ces décisions signent le début de la fin d'une politique de créations de lignes si on excepte la LGV Bordeaux-Toulouse et le Grand Paris Express. », *Les Échos*, juillet 2013.

– 4 –

Le travail mobile et étendu

« Les hommes ne se déplaceront plus pour le travail, ils communiqueront. »[42]

Arthur C. Clark

S'extraire de ces pièges, prendre en charge le contrôle de pratiques qui s'affranchissent doucement d'une norme collective, gérer les autorégulations à partir des outils numériques, appelons cela la maîtrise des usages, quand les Anglo-saxons l'appellent *empowerment*[43]. Les travailleurs, quand ils le peuvent, n'attendent plus de solutions qui tardent trop, ils les inventent, ils entreprennent de délocaliser, de déplacer, de désynchroniser leurs activités professionnelles.

Dans cet étalement du travail, les temps libres perdent leur sens. Comment envisager à la fois une intégration et

42. « Men will no longer commute – they will communicate ». Voir la vidéo « Futur prédictions by Arthur C. Clarke », sur www.brainpickings.org.
43. Marie-Hélène Bacqué et Carole Biewener, *L'empowerment, une pratique émancipatrice*, La Découverte, 2013.

une émancipation raisonnée du travail ? Est-il possible d'aboutir à un équilibre qui ne relève plus du seul contrôle de l'employeur ou du commanditaire ? Pour beaucoup, les frontières du temps ont explosé : 86 % des Franciliens se disent « personnellement prêts » à adapter leurs horaires de travail pour éviter les heures de pointe, et 43 % d'entre eux déclarent d'ailleurs avoir déjà eu recours à cette solution. Il s'agit de bien plus qu'une conciliation des agendas. Comment formuler une réponse claire à l'injonction paradoxale des temps modernes – embaucher à 9 heures –, mais travailler le soir ou les week-ends, voire pendant les vacances ? Les travailleurs esquissent des agilités pour tenter de recouvrer le contrôle de leur emploi du temps et la maîtrise de leur mode de vie. Dans cette mobilité cognitive, ces comportements prémonitoires recèlent forcément les éléments d'autres politiques.

Mobilité numérique et extension du travail

Ce que je choisis d'appeler mobilité numérique repose sur un ensemble complexe : les terminaux personnels et leurs applications, la trame des connexions omniprésentes, le cloud – réceptacle de tous les contenus informatiques à distance et en libre-service – et surtout les réseaux sociaux. Ils forment le socle des inventions du quotidien en même temps qu'ils constituent la base d'une économie neuve. La vitesse avec laquelle cette mobilité alternative s'est installée dans les pratiques témoigne de son évidence. De fait, c'est une boîte de Pandore du travail mobile, à distance du siège. Une remise en cause d'une agrégation du travail et des travailleurs en un lieu unique.

Le Corbusier fit de la concentration fonctionnelle le fondement d'une partition urbaine – sériant logement, travail et loisir. Elle était déterminée par les infrastructures de transport et singulièrement la performance de l'automobile. Son corollaire est l'hypertrophie. Le gigantisme de la ville basculant en métropole résonne avec les cités-dortoirs, les grandes surfaces de distribution, les hôpitaux géants, les mégacampus, les Zéniths de la culture et autres stades olympiques.

Le numérique se pose comme une réaction à cette hyperconcentration. Ses fonctions infinies proposent à la fois l'appui d'une autre gestion des déplacements, le support d'une organisation du quotidien et bien sûr la trousse à outils du travailleur nomade. Les performances du numérique au travail sont variées, leurs usages sont différenciés, l'intensité de leur mobilisation est à la mesure de contraintes et de capacités. Les travailleurs ne sauraient plus faire sans.

Les technologies de l'information sont volontiers décrites comme envahissantes et pressantes jusqu'à l'injonction d'immédiateté. Il n'empêche qu'elles sont activées par les travailleurs eux-mêmes pour leurs facilités, leurs performances et leurs avantages. « Experts et médias font en général une mauvaise analyse du problème », soutient Stefana Broadbent. La psychologue et anthropologue rappelle que « l'industrialisation du travail a instauré une rupture entre la sphère familiale et la sphère professionnelle, il y a 150 ans »[44]. Ce qui la conduit naturellement à tordre le

44. Stefana Broadbent, *L'intimité au travail : La vie privée et les communications personnelles dans l'entreprise*, FYP Éditions, 2011.

cou aux idées reçues sur les usages du mobile, du courriel, d'internet ou du *cloud* : « C'est notre intimité qui a investi notre vie professionnelle et non l'inverse. » On ne s'attaque pas à la source du problème et on renonce à apprendre comment gérer ces nouvelles technologies. Elle retourne l'argument comme une crêpe : « Le travail est désécurisant à proportion de la distance entre le foyer et le lieu de travail. » Évoquant cet enjeu, la scientifique soulève de manière radicale et convaincante la question des écartèlements domicile-travail. « Cette séparation entre vie privée et vie professionnelle est assez récente et peu naturelle. Elle date de l'ère industrielle : la maison s'est vidée de ses activités économiques, elle s'est privatisée. Les travailleurs ont dû aller là où se trouvaient les moyens de production. [...] Il est paradoxal que ce XXe siècle qui a érigé la famille en pilier central de notre vie, investissant massivement dans le couple et l'enfant-roi, ait dressé une telle barrière entre entreprises – ou écoles – et vie privée. »

S'agit-il de faire revenir le travail à la maison ? En fait, il y est déjà. Dès lors, la question se pose plutôt en termes de parcours travail. Quelle partition mesurer entre les localisations au siège et les autres ? Elle sera variable selon les statuts, les entreprises, les occurrences, voire les périodes. Comment concilier les exigences individuelles et les formes traditionnelles du travail ? Si les entreprises ont mobilisé spontanément les flexibilités du travail, ce n'est pas sans contradictions. Certaines y ont vu une opportunité de productivité soulageant la charge de l'entreprise. Comment réduire les tensions entre les rigidités des uns et les agilités des autres ? Nous sommes au-delà des frémissements.

« Chiche ! Allons au bout de cette logique. Qui veut nous suivre ? », semblent dire de plus en plus de travailleurs et d'auto-entrepreneurs, prenant le système au mot.

L'utilisation de ses instruments personnels – résumée par l'expression anglaise « Bring your own devices »[45] – pour gérer ses activités professionnelles est un pied de nez aux normes du travail. Est-ce le symptôme d'une « injonction sociale à l'individualisation » ou plus simplement un retour vers sa propre trousse à outils ? Le mobile a bousculé les agendas pour resynchroniser et relocaliser en permanence[46]. Dans son sillage, l'entreprise lâche la bride du travailleur qui prend la main sur ses horaires et optimise des outils (ce sont les siens !). Le numérique tue subrepticement la pointeuse et dérange les ordonnancements du travail, rendant absurdes le rythme « auto-métro-boulot ». Les outils sont là qui renseignent les ressources et itérations dans la ville, et le tour est joué. Ce n'est pas tout. La batterie d'applications et autres services numériques fonctionne comme une membrane avec un réseau de travail en prolifération et avec les sociabilités. De fait, on parle d'« entreprise étendue » pour désigner cet écosystème qui s'affranchit de l'entreprise pour la faire mieux vivre. D'autres missions et une productivité du travail revisitée arrivent dont on n'a pas tiré toutes les conséquences, notamment l'immixtion du travail dans les

45. Le BYOD (« bring your own device » ou « apporter votre propre matériel » sur votre lieu de travail) est une pratique qui s'est fortement développée dans les entreprises.
46. Selon l'enquête WITE 2.0 (*op.cit.*), 54 % des travailleurs déclarent l'usage d'un agenda partagé.

autres activités de tous les jours, jusqu'à la perte de marques. Alors les divers registres de mobilité – physique, numérique, cognitive et agilités – sont en tension. Et l'usager arbitre ces modalités.

Un imaginaire du travail

Les réseaux sociaux font partie de cette extension du travail. Leur emprise, déjà considérable dans les relations interpersonnelles, s'étend au monde du travail. Les réseaux géants (Google, Twitter, Facebook, etc.) qui servent ces tissages permanents de relations personnelles sont aussi ceux des champs professionnels. Ils sanctionnent par là les frontières incertaines entre ces mondes. De fait, l'entreprise s'en saisit qui brode des mailles-relais d'un écosystème professionnel élargi.

Porosités ! Bien malin qui distingue le local de l'ailleurs, le familial du social, le personnel du professionnel, le quartier de la ville, etc. Les réseaux sociaux les entremêlent. La vie de chacun dans ses facettes et ses entrelacs témoigne de l'expansion du domaine des activités professionnelles et de leurs perméabilités. La densité du maillage des interconnexions n'exclut pas l'incroyable adaptabilité du réseau. Les Linkedin et autres Twitter font en permanence miroiter des liens séduisants, un œil rivé sur les carnets d'adresses des amis que ces opérateurs n'hésitent pas à piller pour élargir les leurs. Curieusement, cette communauté bizarre d'amis, identifiés à défaut d'être connus, produit de la valeur. Si l'élargissement de ces réseaux est parfois suspect, tout n'y est pas mauvais. Car l'objet réseau outille. Sur ce réseau d'individus se greffent des instruments pour noter, filtrer, écrire, commenter, taguer ; certains pour lever de l'argent, co-designer, ou encore d'autres pour discuter, partager des savoirs, et d'autres enfin pour interpeller et dialoguer ou pétitionner sur un mode citoyen, jamais très loin du travail. C'est un des fondements de l'économie des partages et d'urbanités nouvelles. L'univers professionnel se rapproche *de facto* des autres sphères.

Les réseaux sociaux sont-ils le terreau d'offres plus intelligentes et d'entreprises plus performantes ? Les entreprises elles-mêmes en sont convaincues, sans être forcément très sûres de la manière de jouer avec les nouveaux acteurs[47].

Ces considérations n'excluent pas d'avoir un œil sur la philosophie du travail. « Le travail permet-il de prendre conscience de soi ? » Ce sujet a été proposé lors du baccalauréat 2013. Bonne question. Elle place le travailleur en clé de voûte du système du travail. Quelle est la relation du citoyen au travail ? Cette conscience de soi – et de l'autre – au travail nous est renvoyée comme une urgence. Comment installer d'autres normes sociales et faire société ? Comment se saisir de ces blocages pour revisiter l'écosystème et se donner les moyens de les résoudre ? Si elles sont d'abord le fait des travailleurs, ces questions taraudent à d'autres titres le gouvernement, les entreprises et les multiples opérateurs à l'interface de ces thématiques (transport

47. Dans un atelier du cluster Datact, la majorité a classé les réseaux sociaux comme les acteurs les plus influents des marchés des données et services. Voir le projet copiloté par Chronos et l'agence Le hub, qui rassemble une vingtaine de grands comptes et des territoires, dont la région Île-de-France, autour d'une réflexion au long cours sur ces enjeux, sur www.datact.fr.

bien sûr, mais aussi numérique, services, urbanisme, territoire). À tous, une clarification est nécessaire pour identifier les repères actuels. Il ne s'agit pas ici de prédire (ce dont nous serions incapables), mais d'interroger l'avenir du travail dans une approche agile de la prospective.

« On a besoin d'un futur ouvert », martelle Georges Amar[48]. Suggérons que les acteurs concernés se saisissent des bricolages, des agilités et des inventions en marche. Des opérateurs les incarnent déjà en services. Mettons en perspective ces émergences et inventorions les signaux et les changements attendus. Il s'agit de figurer cet avenir à travers des concepts porteurs de sens avant de modéliser des visions sur des futurs plausibles, en acceptant les nécessaires incertitudes de l'exercice. Il est l'heure de se construire un imaginaire du travail en phase avec nos vies.

48. Georges Amar, *Aimer le futur*, FYP Éditions, 2013.

Partie II
Prospectives des agilités

« Je rêve d'une science – je dis bien une science – qui aurait pour objet les espaces différents des autres lieux, ces contestations mythiques et réelles de l'espace où nous vivons. Cette science étudierait, non pas les utopies – puisqu'il faut réserver ce nom à ce qui n'a vraiment aucun lieu –, mais les hétérotopies[49] – les espaces absolument autres. »

Michel Foucault,
France Culture, 7 décembre 1966.

***

49. Michel Foucault dégage six principes permettant une description systématique de ces espaces concrets qui hébergent l'imaginaire. Voir l'encyclopédie libre en ligne Wikipédia.

Nous sommes schizophrènes ou bien dans un état d'hésitation, tiraillés par de multiples écarts, entre deux systèmes techniques qui renvoient à l'entre-deux des mobilités (physique et numérique) et leurs agilités. Deux modèles de société et deux modèles de ville se font face. Les premiers sont en bout de course, les autres sont à imaginer… voire s'inventent déjà dans les métamorphoses du travail. Ce sont des hétérotopies au sens que leur donnait le philosophe. Il convoquait pour imager sa science en devenir aussi bien la tente que se font les enfants dans le lit des parents que les tapis persans, figures de voyages aux quatre coins du monde et métaphores du tapis volant. Mais à côté de ces fantasmes de l'ailleurs existent des constructions sociales bien réelles. Foucault prend exemple des cimetières, des voyages de noces ou du Club Méditerranée. Ces expressions d'une époque, ces réponses de la société à une question donnée, musardent avec les imaginaires. Foucault a raison : au rayon des représentations, préférons les tangibles hétérotopies aux utopies.

***

– 5 –

Les agilités et les inventions

Casser les codes de la citadelle tayloriste

Dans l'étonnant livre *Éloge du carburateur*[50], Matthew B. Crawford rapporte la révolution du travail au tournant du XIXe siècle. Il souligne l'arrachement de l'ouvrier à un métier adossé à une pensée. À propos de cette rupture, il cite une conférence de Frederick Winslow Taylor, célèbre par sa théorisation de la productivité : « Toute forme de travail cérébral devrait être éliminée de l'atelier. »

Dans cette entreprise de décervelage, il n'est pas sûr qu'on gagne en performance, mais il est certain que le recrutement pose problème : « pour retenir à la chaîne 100 ouvriers, Ford devait en recruter 963 ». On ne défait pas si facilement un travailleur de son expérience et de son intelligence. On ne touche pas non plus impunément à un système de production. En 1900, il y avait 7 362 fabricants d'automobiles aux États-Unis. « Après l'adoption de la méthode fordiste, l'industrie fut bientôt réduite à trois

---

50. Matthews B. Crawford, *Éloge du carburateur. Essai sur le sens et la valeur du travail*, La Découverte, 2010. Matthews B. Crawford est philosophe et réparateur de moto.

grandes entreprises automobiles. C'est ainsi que les travailleurs s'habituèrent peu à peu à l'abstraction dc la chaîne de montage. »[51] C'est ainsi également que s'est forgé un dispositif de travail finalement soumis à contestation.

Dans les deux cas, la société ne fait-elle pas désormais le chemin inverse, vers une maîtrise des métiers ? Deux visions coexistent et s'entrechoquent aujourd'hui dans la nature même du travail. Les rythmes et la localisation cristallisent ces divergences. Le taylorisme appelle une récurrence collective – des horaires, un lieu et une tâche – qui se délite. Certes, l'évidence qui amène à l'embauche chaque matin, dans le même bureau ou atelier, pour les mêmes tâches, pour le même employeur, perdure. Mais des questions nous taraudent : combien de temps ces principes rigides résisteront-ils aux obstacles dont nous avons fait état ? Comment construit-on l'expérience d'un métier ? Comment en recouvre-t-on la maîtrise personnelle ? Quelle organisation structure cette transition ?

La réponse se niche dans l'alchimie que les travailleurs entreprennent de faire de ces évolutions ; quand ils empoignent les ressources de la caverne d'Aladin du numérique, quand ils travestissent n'importe quelle occurrence en un moment de travail, quand ils partagent leur savoir au sein de communautés. Le travail ne peut plus être ce bunker défiant le reste de la vie. Désormais, la charpente du mode de vie se met au diapason d'autres équilibres. L'intrication du travail avec d'autres activités fait sens et renoue avec une expérience antérieure à la révolution fordiste – quand le

51. *Ibid.*, p. 49 et 53.

métier, et non l'emploi, relevait d'abord d'un accomplissement personnel. Concrètement, la transition invente des mobilités en résonnance avec cette manière de « faire travail ». Les travailleurs cassent les codes. Cette capacité de rebond des citadins a quelque chose de fascinant et rappelle les analyses de Michel de Certeau : « Les usagers de la ville sont des "braconniers" sur les terres des producteurs, qui recomposent par leur marche propre leur quotidien. »[52] La vision de Crawford trouve aujourd'hui son prolongement avec la culture dite « Makers »[53]. Ce mouvement renvoie au retour du « faire » en lien avec la connaissance et la créativité individuelle. Ce mélange d'engagements personnels est porteur de responsabilité sociale. Si la citadelle fordiste reste encore largement dominante, elle tremble sur ses bases et s'ouvre sur des formes inédites.

Accompagner la transformation du travail, c'est accélérer la mutation de la ville. Voilà succinctement l'angle exploré ici. Ainsi, la ville de Séoul conduit une politique originale et constructive de ville collaborative. Le programme nommé Sharing City prône le partage – à la fois comme valeur et moyen – dans de multiples domaines (ressources d'énergie, d'eau, les partages de la voiture, la finance participative ou *crowdfunding*, etc.). Il est vrai que la densité (plus de dix millions d'habitants et plus de 16 000 habitants au km^2) les y contraint. Le travail s'immisce dans cette politique sous la forme classique d'espaces communs, mais

52. *Cf.* Michel de Certeau, *L'invention du quotidien*, tome 1 et 2, Gallimard (1re éd. 1980), coll. « Folio essais », 1990.

53. « We are all makers » (nous sommes tous des artisans), *cf.* Mathilde Berchon et Véronique Routin, « Makers : Faire société ». sur Internetactu.net, 2011.

aussi d'incubation de startup dans des tiers lieux publics et de financement d'entreprises qui érigent le partage comme modèle. La ville peut faire du travail un ferment d'innovations. Cette démarche volontariste n'a rien d'exceptionnel. Des politiques publiques adossées au travail innovant sont déjà à l'œuvre. À Paris, entre autres effervescences[54], La Ruche[55] et le laboratoire Paris Région Innovation conjuguent leurs efforts depuis juillet 2013 pour contribuer à la croissance d'entreprises innovantes dans le secteur de l'économie sociale et solidaire.

Les leviers des agilités du travail

L'autonomisation des pratiques convoque l'éparpillement du travail. Prenant ses distances avec les principes d'agrégation, de récurrences et de cloisonnements, le travailleur recompose le déroulé de ses journées et l'archipel de ses escales. Défiant la rigidité des principes gravés par la pointeuse dans le marbre des horaires, ces matières se révèlent malléables. L'usager de la ville peut – et il doit le plus souvent – concilier ses temps personnel, social, domestique et professionnel. L'entreprise demande beaucoup d'agilités. À telle enseigne que 42 % des travailleurs interrogés se déclarent déjà nomades ; manière de signifier leur bougeotte et surtout leur appétence à élaborer des usages et des équilibres neufs. Cette façon labile de jongler entre horaires, itinéraires

54. Paris revendique 100 000 m² d'incubateurs d'ici à 2014, dont le futur Grand Lieu Intégré de l'Innovation (GLII) dans le Sentier. Le gouvernement s'active à un ambitieux projet « Paris capitale numérique », où un millier de startup seraient accueillies à la halle Freyssinet.
55. Un bureau partagé, un projet et une expérience de travail, www.la-ruche.net.

et connexions se mesure à l'intensité des pratiques numériques face au travail.

La mesure de la mobilisation des outils et des fonctions du numérique dans les pratiques du travail a révélé les combinaisons conjointes d'agilités des travailleurs[56]. Elles sont spatiales (les localisations déclarées du travail), temporelles (leurs occurrences hors normes : soir, week-end, RTT, vacances) et sociales (les connexions selon tous les canaux possibles avec les multiples membres de l'écosystème : collègues, hiérarchie, clients, pairs, etc.). Les appropriations massives et inventives de technologies flexibles font apparaître d'autres parcours. Cette séquence de jalons du travail suggère des propositions à formuler par les autorités et les marchés.

Les résultats de l'enquête WITE 2.0[57] ont conduit à isoler une population dite d'hyperagile. Ceux-ci affichent des scores extrêmes sur chacune des cinq mesures d'agilité (spatiale, temporelle, sociale, numérique et maîtrise d'usage). Quel que soit le type, ces valeurs demeurent toujours corrélées ; comme si le travailleur jouait d'une palette de toutes ses ressources, réglant leur intensité et les ajustant au niveau requis. L'agilité est alors un état, une manière d'être et de répondre, faite d'opportunisme et de vivacité. Que l'individu soit agile par essence n'est pas une découverte, mais que le qualificatif s'immisce au sein du travail interroge. Ce qu'on nomme flexibilité se traduit pour le travailleur par des agilités. La transition du travail procède des travailleurs. Il reste à accompagner l'évolution.

---

56. D'après l'étude WITE 2.0, *op. cit.*
57. *Ibid.*

Les agilités du travail mobile

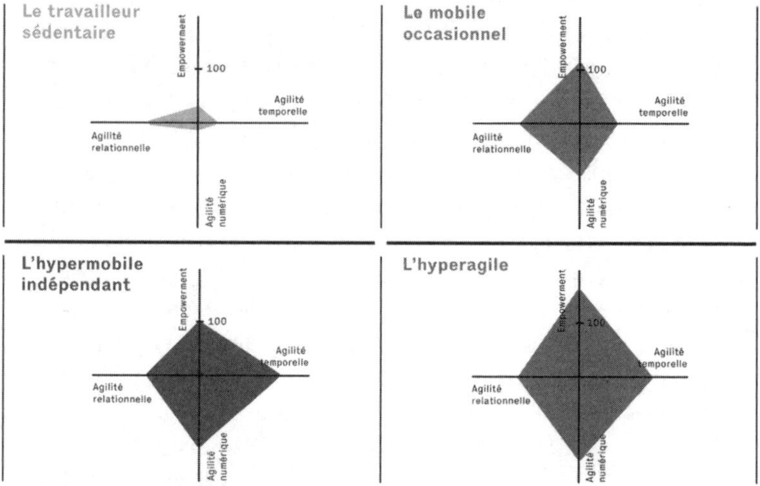

Chaque groupe, issu de la typologie des pratiques numériques du travail, se trouve affecté des mesures de variables d'agilité. La surface résultante des mesures décrit en quelque sorte l'intensité globale des agilités[58].

Comme on peut le voir sur le schéma ci-dessus, quatre figures se dégagent et reflètent le panorama des postures face au travail. Détaillons-les.

– **Le travailleur sédentaire**, plutôt doté d'outils fixes, est fortement centré sur le siège de l'entreprise. Il témoigne d'un monde qui bouge encore peu et pour lequel le numérique reste secondaire dans le travail.

58. *Cf.* « Prospective du travail mobile », étude quantitative menée en 2012 dans le cadre du projet WITE 2.0.

– **Le mobile occasionnel** quitte (un peu) le modèle de travail d'hier pour entrer dans les usages professionnels du numérique. Leur activation est facilitée par sa familiarité avec les terminaux personnels. Pour le reste, il demeure dans le tropisme du siège.

– **L'hypermobile indépendant** évoque la figure de l'empowerment. Affranchi du « siège » statutairement, par choix ou par contrainte, son équipement numérique assure son autonomie avant d'être un instrument d'échanges professionnels. C'est celui dont la part de localisation au domicile du travail est la plus prononcée.

– **L'hyperagile** se caractérise par sa souplesse en regard de l'écosystème numérique, tant au regard des outils (objets et fonctions plus nombreux et plus mobiles que chez les autres types) que face aux localisations, aux temporalités et aux liens sociaux. C'est la figure la plus aboutie du travailleur mobile. L'allégorie du travailleur en devenir ? C'est notre analyse.

On peut faire l'hypothèse que les agilités mobilisées pour le travail s'étendent à l'agencement de toutes les activités, dans la vie de tous les jours.

La mobilité connaît une mutation dans les agilités : d'une mobilité physique à une mobilité cognitive, servie par une généreuse trousse numérique. La transition du travail procède d'abord des travailleurs, mais elle a besoin du répondant des entreprises et des institutions. Elle s'évade des seules solutions de transports motorisés pour s'incarner dans des mobilités plurielles.

« Danse de la vie ». Danse de la ville

S'agissant des tâches professionnelles éparpillées de-ci de-là, point n'est besoin d'une enquête. Postez-vous dans une gare, un TGV, un RER, un McDo doté de wifi, un hôtel ; croisez un travailleur sur un trottoir le nez dans son smartphone… Ces accros des écrans ne font pas tous que travailler, mais ils sont nombreux la tête dans les affaires du jour. Les hypermobiles bouleversent les rapports du proche et du loin. La gestion d'un quotidien à distance et la maîtrise des agendas leur permettent de mettre le logement et la proximité au centre de leur aire de vie.

L'anthropologue Edward T. Hall[59] souligne les conflits culturels à déminer pour passer d'un mode monochrone (typique du règne tayloriste) à la mobilisation simultanée d'activités diverses (polychronie, c'est-à-dire multitâches et contrôle des dispersions). Comprendre les mécanismes de ces itérations, c'est entrevoir des opportunités neuves de construction des temps individuels et collectifs. C'est aussi explorer des aménagements inédits dans la maîtrise de son bassin de vie. C'est encore imaginer des services. C'est enfin révéler et consolider d'autres urbanités.

Deux autres éléments spectaculaires ressortent : l'importance du temps de travail déclaré hors siège de l'entreprise et ses dispersions spatiales. Sur plus de la moitié des durées déclarées, la localisation domestique est prépondérante dans le temps de travail hors siège. Est-ce un choix, ou est-ce par défaut ? Force est d'admettre que l'héberge-

59. Edward T. Hall, *La Danse de la vie : Temps culturel, temps vécu*, Seuil (1re éd. 1984), coll. « Points essais », 1992.

ment (pour son activité) dans des espaces publics proches du logement n'existe quasiment pas, sauf à faire d'un café wifi, d'une station ou d'un train un lieu de travail interstitiel. Créer et rendre accessibles et attractifs ces hébergements publics en proximité peut être un objectif pour les collectivités.

Enfin, deux idées structurent une vision dynamique du travail : les rendez-vous du travail sont multiples, divers et reliés (tiers lieux, domicile, siège, transport, etc.) ; ils jalonnent dans le temps et sur un itinéraire à construire (un « parcours travail »).

– 6 –

La cité des services ou l'exercice des partages

Une cité des services

« La question est de savoir si nous voulons que notre redressement vienne d'abord de l'industrie ou plutôt des nouveaux services. »[60]

Avec 79 % de part d'emploi et 80 % de part de PIB en 2012, contre 69 % il y a vingt ans[61], les services forment un agrégat en croissance plus rapide que le reste de l'économie. Représentant 4/5e de la production nationale, cette catégorie est forcément hétéroclite. Elle mélange des services marchands et non marchands de natures très diverses et du commerce. « La définition traditionnelle des services est désormais fortement remise en cause. En effet, on observe une interdépendance croissante entre services et technologies de l'information et de la communication. Ainsi, à l'avenir, le service sera de plus en plus caractérisé par une prestation immatérielle adossée à un support technologique. »[62] Appe-

0. Jean-Pisani Ferry, *Le Monde*, 19 août 2013.
61. Comptes nationaux 2012, sur www.insee.fr.
62. « La révolution des services », Ernst & Young, 2012, sur www.ey.com.

lons économie servicielle cette part dynamique des activités qui attire les investissements et qui concentre une grande part des innovations. Le cabinet Ernst & Young classe justement les prestations de la ville intelligente dans cette rubrique. Dès lors, le service devient un fondement de la cité. C'est en passant par la case services que les transitions du travail et des mobilités trouvent leurs réponses. C'est dans l'activation en miroir des services d'agilités des mobilités et ceux du travail que s'invente la société. Deux bénéficiaires *in fine* : la cité et son résident, et diverses conséquences.

Cette philosophie économique se signale de manière spectaculaire. De récentes transactions issues de l'économie numérique se traitent en milliards de dollars. Le secteur des mobilités y est fortement représenté. Ces opérations sont surprenantes, tant par leur décalage brutal d'avec l'économie traditionnelle que par leur volume d'affaires ; une importance corrélée au nombre exponentiel d'usagers des réseaux sociaux concernés. L'irruption brutale d'une économie servicielle est le fait d'une génération d'intervenants iconoclastes. Leurs transactions passent le plus souvent au-dessus de la tête des entreprises classiques et de la puissance publique pour se nouer essentiellement entre acteurs de la nouvelle économie servicielle – au premier chef les startup, les géants de l'internet et la cohorte de fonds qui en accompagnent les investissements. En revanche, la consommation de ces innovations est générale. Elle vaut pour tous et produit de la croissance. Par exemple, en août 2013, le rachat du *Washington Post* par Jeff Bezos, fondateur d'Amazon, premier centre commercial du web, souligne les impasses de l'économie traditionnelle et la conviction de l'économie servicielle d'être capable de répondre à ces défis : « Nous aurons besoin d'inventer », ajoute-t-il, laconiquc.

L'économie des services n'est pas le monopole des entreprises. Les usagers en sont parties prenantes au sein de l'exercice massifié des partages (voir *infra*). Les collectivités sont les bénéficiaires en puissance des gains de productivité de ces services – pour autant qu'ils s'exploitent dans une logique de bien commun. Le concept n'est pas neuf, mais sa mise en œuvre prend un relief et une vigueur singulière avec internet. Restent à résoudre les ambiguïtés liées aux réseaux sociaux, dont la complicité passive ou active, comprise ou non, constitue le moteur incontournable de ces développements.

Initiatives servicielles et économie collaborative

En juin 2013, Google rachète Waze pour un milliard de dollars à la barbe de Facebook. Waze est une application mobile gratuite de navigation GPS associant la cartographie à une contribution communautaire. Elle conseille des itinéraires routiers en tenant compte des informations sur les accidents, les travaux ou les embouteillages fournis par près de 50 millions d'utilisateurs. Les quelques 100 000 nouveaux abonnés quotidiens à ce réseau social témoignent du succès de la formule. Fournisseurs d'une information infiniment granulaire, les contributeurs sont aussi les consommateurs des services façonnés par les modélisations de leurs propres données. Waze sera bientôt disponible sur tous les supports fixes et mobiles ayant chargé l'application Google Maps. Google proposera alors un service qui se situe au-delà de ce qu'une administration ou une entreprise est capable de prodiguer par des moyens classiques. Cette application orne désormais les pages cartographiques de Google. Première entreprise de services et premier média au monde, la firme de Mountain View consolide au passage son statut de premier fournisseur de mobilité au monde (investigations sur son site et sur ses applications mobiles de localisation, d'itinéraires, de choix modaux, d'horaires, etc.) et de premier fournisseur d'accès au travail (au travers d'autres services directs comme Google Entreprise, et indirects comme les consultations du moteur de recherche ou l'activation des cercles du réseau Google+). Google qui a investi puissamment ce duo « travail/mobilités » ne s'est pas trompé. Voilà pourquoi les réseaux sociaux et la circulation généralisée des données numériques représentent une clé majeure de l'économie des services et constituent une force considérable. C'est aussi la raison pour laquelle la transaction d'une société de trois ans d'âge et dotée d'une centaine d'employés s'est conclue à un prix époustouflant.

Forbes estime qu'en 2013, aux États-Unis, le revenu issu de l'économie du partage au bénéfice direct des consommateurs sera supérieur à 3,5 milliards de dollars, avec un rythme de croissance de 25 %. Le magazine économique ajoute que cela compense la stagnation des revenus des salaires. L'évaluation est singulière quand elle crée une catégorie de revenu des ménages qui n'existait pas jusqu'alors dans la comptabilité nationale du PIB : les bénéfices du partage. « L'achat malin » devient l'expression consacrée[63]. Ces

63. L'expression se retrouve sous la plume de l'économiste Philippe Moati, *in* « De nouvelles façons de consommer émergent », *La Croix*, juin 2013.

gains réciproques (de l'usager et de la place de marché) se réalisent dans la substitution des grandes plateformes web aux intermédiaires classiques, et censément dans une meilleure performance de la transaction.

Dans le domaine des déplacements, les treize ans d'existence de Trip Advisor rappellent que ces innovations ne produisent pas une bulle économique. Cette pépite abreuvée de millions de témoignages de voyageurs affiche toujours – plus de dix ans après sa naissance – des scores de startup[64]. Google rétorque en lançant Google Hotel Finder sur les mêmes thèmes et fondements collaboratifs.

Zipcar pionnier de l'autopartage est aussi né avec le siècle. Longtemps considérée aux États-Unis comme le phare de la *sharing economy*, l'entreprise est rachetée en janvier 2013 par Avis, leader de la location automobile, pour 500 millions de dollars, sans n'avoir jamais produit un cent de bénéfice. Autolib' en est une déclinaison, avec le succès qu'on lui connaît et celui qu'on lui promet. Quant à Airbnb, plateforme communautaire de location et de réservation de logements de particuliers, elle réalise chaque jour 140 000 transactions. Selon des analystes, le montant de sa valorisation serait de 2,5 milliards de dollars. Souvent critiquée, la firme essaye de démontrer ses apports à l'économie locale[65].

64. Au second trimestre de 2013, TripAdvisor affiche un CA en hausse de 25 % par rapport à 2012, et une marge opérationnelle de 46 %. La valorisation boursière de la société frôle les 11 milliards de dollars à cette même date.

65. Sentant la limite d'un système collaboratif mais qui pêche dans des zones peu claires en matière fiscale, Airbnb a entrepris, *via* une étude, de convaincre les autorités parisiennes de sa contribution à l'économie locale. *Cf.* « Airbnb se targue d'aider Paris », *Les Échos*, juin 2013.

En France, le site Blablacar, à la tête de quelque quatre millions d'abonnés européens à ses offres de covoiturage, produit chaque jour l'équivalent des voyages de l'Eurostar et collecte chaque mois au plan européen 100 000 nouveaux adhérents. Quand moins de voitures roulent mais réalisent autant de déplacements, les consommateurs réduisent leurs dépenses, c'est bon pour leurs revenus !

Au-delà de son envahissement par les géants de l'internet, cette économie dite « collaborative » comporte une ambiguïté. Les réseaux sociaux en sont certes les moteurs incontournables, mais il n'y a de social dans cette affaire que l'agrégation d'intérêts et éventuellement d'informations individuelles. Le contenu généré par les utilisateurs ne représente pour ces entreprises qu'une formidable matière première, considérable et active. Cette puissance migre chez les grands fournisseurs de services. La gratuité et la pertinence de leurs services expliquent que ce minerai s'oriente massivement vers eux.

Dans l'économie du partage, les services ne coûtent souvent rien à l'usager ; qu'il soit ou non contributeur. Il y a bel et bien un bénéfice collectif tandis que les revenus conséquents – quand il y en a – sont captés par l'opérateur. En revanche, l'idéologie d'une communauté perd son sens pour ne retenir que ce que cette dernière fabrique, et ceci, quels que soient les bénéfices gratuits que le réseau social en extrait. Dès lors, ne confondons pas réseaux sociaux et communauté, performance du collectif et productivité industrielle. Préférons l'appellation anglo-saxonne plus objective et peut-être plus désenchantée de *sharing economy* ou économie du partage, à celle d'économie collaborative, trop idéologique. Sa valeur se déplace. Elle ressort du double jeu des contributions et des services qu'ils permettent de produire. Le coût d'acquisition de Waze par Google représente environ la moitié de la valeur boursière de PSA, pour rester dans une comparaison du domaine de la voiture. Google devient en effet un acteur de la filière de la voiture par les services qu'il apporte à l'automobiliste[66]. Il n'y a guère de doute sur la capacité de Google de faire fructifier cet investissement. Deux conséquences sont à retenir : le déplacement rapide d'une économie industrielle vers une économie servicielle ; et la capacité de la société civile et des acteurs publics d'orienter la puissance des réseaux sociaux vers le collectif.

La liste de ces sociétés champignons qui font des réseaux sociaux le socle de services que chacun mobilise en fonction des occurrences s'allonge tous les jours. Ils éclosent très vite et acquièrent une valeur à la mesure de la croissance accélérée de leur audience collaborative et donc de la pertinence des services. Les économistes sauront sans doute mesurer les apports atypiques de ces services au bien-être. Cela se passe moins par le biais d'emplois créés directement (ils sont peu nombreux) ou par une augmentation du PIB (il baisse même dans la logique des partages) que par le cortège d'externalités positives qui les accompagnent (réductions

66. Google est pleinement un acteur de la filière, tant par les services de navigation que proposent ses sites et ses applications que dans son engagement dans la Google Car (voiture sans chauffeur). En août 2013, Google Venture investit 258 millions de dollars dans Uber, le spécialiste des services de véhicules de tourisme avec chauffeur, ainsi que dans la place de marché de covoiturage Relay Ride.

des pollutions, du temps d'accès au travail, des factures d'énergie ou d'infrastructures). D'autres se chargent déjà de ces analyses[67] qui conduiront peut-être à revisiter quelques fondamentaux de l'économie. Il faut mesurer aussi les gains substantiels de productivité quand une même voiture est utilisée plus souvent (autopartage) ou quand elle augmente son taux d'occupation (covoiturage).

Les productivités et externalités issues de ces innovations de services sont sans doute des occasions uniques de s'affranchir de modèles embourbés dans l'économie d'hier. N'est-ce pas là une sortie par le haut des étranglements économiques, territoriaux et environnementaux ? Et pourquoi pas sociaux ? Certes, l'économie est le premier motif du covoiturage par exemple, mais les bénéfices secondaires mentionnés par les usagers de Blablacar, la pépite française de covoiturage, ne sont pas dérisoires : rencontres amicales, voire amoureuses, opportunités de travail ou de projet, ce type d'échange est du « business as usual » (les affaires continuent) dans ces voitures partagées. Bref, l'urbanité est aussi en mouvement, tout comme l'économie, et elles font des affaires ensemble.

Quelles que soient les résistances des politiques ou des économistes, le modèle de croissance et plus encore le modèle redistributif sont en débat. C'est là que le raisonnement de la nouvelle économie rejoint à la fois les analyses proposées entre travail et mobilités et les initiatives pragmatiques observées dans les usages. Les ruptures observées

67. L'étude entreprise par la Caisse des dépôts pour mesurer les externalités positives du travail sera publiée au cours du dernier trimestre 2013.

par ailleurs produiront nécessairement leurs bénéfices dans un cadre économique renouvelé. Si les grandes entreprises de services numériques ont su faire la preuve de marchés très conséquents, si elles y ont décelé de fortes valeurs ajoutées, cela n'interdit en rien à d'autres entreprises de s'y aventurer ou encore mieux, d'y tracer de nouvelles voies. Cela n'empêche pas non plus les collectivités territoriales d'en faire leur miel. Par exemple, les plateformes Give a Minute et Change by Us médiatisent les partages d'idées pour les incuber et les transformer en projets de ville.

Redéfinir le service public

Cette production servicielle n'est donc pas le monopole d'un jeu d'acteurs. Ces exemples font apparaître une variante inédite du service public. D'initiative contributive, bénéficiant parfois de la bienveillance voire du soutien des autorités, les bénéfices de ces entreprises restent à mesurer.

Ainsi, Open Street Maps se pose en concurrent direct de Google Maps. La première carte en ligne libre du monde fonctionne sur le modèle des données ouvertes, accessibles gratuitement à tous[68]. Le site couvrant la planète connaît un développement conséquent en France. C'est une forme de service par l'ampleur et la précision des informations qu'il fournit, dont celui de couvrir l'information de territoires auxquels ne s'intéressent pas les grands opérateurs privés.

68. Une donnée ouverte est une donnée numérique, d'origine publique ou privée, publiée de manière structurée selon une méthodologie qui garantit son libre accès et sa réutilisation par tous, sans restriction technique, juridique ou financière. L'ouverture des données représente à la fois un mouvement, une philosophie d'accès à l'information et une pratique de publication de données librement accessibles et exploitables. (Source : Wikipédia.)

Open Street Maps a bénéficié du privilège accordé par l'État français de l'accès gracieux au cadastre depuis 2009. Ce quasi-service public s'enrichit continuellement des apports bénévoles d'innombrables contributeurs (le millionième a été recensé début 2013).

Les coûts d'actualisation des données sont bien trop élevés pour un acteur unique – surtout lorsque l'on s'attaque à la planète ! Le crowdsourcing[69] devient une manière de service public quand il est mis au service de l'économie du partage et de la société civile. Encore faut-il en clarifier le jeu d'acteurs et les conditions de développement. L'économie servicielle doit être considérée dans son ensemble et dans sa diversité, celle dans laquelle on observe les évolutions les plus dynamiques des organisations du travail. Elle devient la composante la plus tonique de l'économie. Comment la collectivité peut-elle tirer parti de ces avancées ? Comment accompagner ces développements ?

« C'est à l'État qu'il revient de définir et de mettre en œuvre une politique industrielle radicale, notamment sur le financement des entreprises, l'économie des données ou l'adaptation de la protection sociale aux risques contemporains, pour que nos grandes entreprises continuent à dominer leurs marchés après la révolution numérique. »[70] Pour consolider cette politique de services – publics ou non –, l'encadrement et le soutien suggérés sont nécessaires, mais

---

69. La traduction littérale de *crowdsourcing* est « approvisionnement par la foule ». Mais « externalisation distribuée à grande échelle » ou « externalisation ouverte » sont d'autres traductions plus précises.

70. *Cf.* la tribune de Nicolas Colin et Gilles Badinet « Le CAC 40 survivra-t-il au choc numérique à venir ? », *Les Échos*, juin 2013. Nicolas Colin est le coauteur du rapport Collin-Colin sur la fiscalité du secteur numérique, disponible sur economie.gouv.fr.

insuffisants. Le tissu des petites entreprises et des startup doit être au moins autant encouragé. L'autorité publique doit aussi être la garante d'une politique maîtrisée d'accès, de circulation et de partage des données, publiques et personnelles. Plutôt que d'en revendiquer la captation, la centralisation et la protection, elle doit être aussi la garante des innovations libres qui en découleront. Ces actions se compléteront d'une attention et d'un accompagnement portés aux réseaux sociaux et aux initiatives collectives majeures.

– 7 –

Le tiers lieu ou l'exercice du parcours travail

Conjuguez deux mots, « à distance » et « autonomie », et un troisième arrive : « mobile ». Et puisqu'il n'y a pas de mobilité sans halte, ajoutez « tiers lieu » : ni le siège du travail, ni le chez-soi, mais une nécessité. Bref, une hétérotopie. Les faits sont là : un travail à distance banalisé, une sociabilité affranchie du proche, mais un retour des proximités. Les terminaux mobiles et les réseaux font le reste. Conséquences ? Le territoire se réforme. Des modèles s'élaborent. Des acteurs et des marchés inattendus surgissent. Tiers lieux ? Certains soutiennent qu'on y passera le tiers de son temps.[71]

La liberté que s'octroie le travailleur dans sa réorganisation du travail va de pair avec la liberté de la structure même du travail. La transition du travail mobile ne se résoudra donc pas dans une localisation unique, mais au sein d'une partition dont il reste à comprendre les règles.

71. Introduction au dossier « Tiers lieux », Chronos, 2011.

Le siège de l'entreprise perdure et restera longtemps encore l'escale majeure d'un parcours incluant le domicile et le « en chemin » avec ses alternances – chez les clients, les fournisseurs, les pairs, en rencontres physiques ou par Skype, Twitter, etc. Cela se combine avec des modalités renouvelées du travail, des urbanités repensées et le recueil d'autres activités urbaines. Le travail se déconstruit pour s'adapter et se reconstruire plus fluide. En changeant de trajectoire, il s'invente des qualités à ces échelles mouvantes. Les promesses d'enrichissement du parcours-travail mobilisent déjà nombre d'acteurs. Moins visible, cette distance du siège, même partielle, affecte le dispositif des relations humaines et fait miroiter un autre jeu d'acteurs. Autant de réflexions et de matériaux dont les collectivités et les opérateurs peuvent se saisir pour s'accorder à l'usager nomade, à ses itérations moins prévisibles et à leurs exigences sous-jacentes. La question qui les traverse est alors celle des opportunités. Les travailleurs s'emparent de cette mutation pour inventer, mais pour inventer quoi ? Jusqu'à quel point les entreprises et les territoires – et dans leurs sillages tous les opérateurs – ont à gagner à cette observation attentive ? Y aurait-il aussi de leur côté des inventions ?

Ces parcours en kaléidoscope – ni le même tous les jours, ni le même pour chacun – sont façonnés par les contingences des emplois du temps, par la forme de la ville et, bien sûr, par les transitions du travail. Ces trajectoires deviennent le socle de l'imagination de l'offre et le siège des hétérotopies que l'usager active déjà.

Un office sans bureau

Des places originales s'imposent pour accueillir les travailleurs, héberger les nouveaux services et d'autres aménités urbaines, favoriser d'autres urbanités, mailler la métropole, densifier ses pôles et stimuler ses attractivités. Ces lieux sont déjà là, et leurs services se peaufinent. *The officeless office* (le bureau sans bureau) est l'expression consacrée aux États-Unis pour désigner la délocalisation du travail. En juillet 2013, l'enseigne Starbucks annonce qu'elle s'associe à Google pour améliorer son offre wifi[72]. Cette alliance interroge les modèles du « travail ailleurs ». L'accès partout à la bande passante en est la clé technique et le modèle de l'enseigne en réseau garantit sa présence là où la clientèle concernée est suffisante. La généralisation des services encourage l'attraction. Jusqu'où ? Les 7 000 cafés de la chaîne déployés dans les villes nord-américaines offriront bientôt à leurs hôtes une connexion internet cent fois plus rapide que celle des réseaux wifi actuels, transformant au passage Google en fournisseur d'accès internet. Un troisième larron, Powermat, apporte dans ces endroits métis une pièce précieuse, le chargement sans fil. Les consommateurs feront le plein des batteries de leurs terminaux en les posant simplement sur la station *ad hoc*. Dès l'apparition de la technologie au début du siècle, Starbucks fut pionnier sur l'aménité du wifi dans des espaces publics commerciaux. On sait la suite de l'histoire. Le service constitua une attraction, il fut copié. Désormais, le service wifi devient une aménité

---

72. *Cf.* Doninic Basulto, « Starbucks, Google and the future of work », *Washington Post*, août 2013.

évidente qu'on ne facture pas plus que l'eau et la lumière dans les espaces publics. Le travail est naturellement dans la place, il n'y a plus qu'à s'asseoir.

Le travailleur, débarrassé de ses fils à la patte, entre de plain-pied dans un écosystème fluide. Cette escale devient une « station des sens » – pour jouer sur les mots – combinant mobilités, connexion et recharge. Est-ce le caravansérail du futur ? L'office élargi du quotidien ? À la fois étape d'échanges, de convivialité et portail physique du travail, n'est-il pas destiné à élargir encore ses vocations ?

Déjà espace de vie et de ressources, le tiers lieu sera demain une escale plus conséquente des parcours. L'agrégation de services dans une étape unique et son organisation en réseau consolident de fait la labilité des structures de travail et sanctionnent la notion de parcours-travail. « Aller au bureau deviendra-t-il pittoresque ? », se demande le *Washington Post*. Ce qui semble exotique perdra vite ce caractère. L'offre de structures de travail versatiles est spectaculaire ; elle interroge sur les capacités du marché à inventer des services de travail pertinents. Cette innovation combinant les accessibilités physiques et numériques, multipliant les facilités et encourageant les échanges, est révélatrice de cette veine d'escales servicielles. Ses impacts sur le territoire sont conséquents.

Tiers lieux : le réflexe vital de la ville

Retour vers l'urbanisme. Dès les années 1960, l'urbaniste iconoclaste Melvin Webber évoquait le découplage domicile-travail, et entrevoyait que l'électronique allait bouleverser la ville[73]. En 1999, un autre urbaniste William J. Mitchell pose la question de « la localisation de la production, de la distribution et de la consommation », à l'aune d'un écosystème technologique[74]. « Nous sommes moins les usagers de terminaux technologiques que les habitants d'un écosystème médiaté par l'électronique. » Pour lui, la massification du numérique fabrique immanquablement un autre urbanisme. La localisation du travail a de tout temps affecté l'aménagement territorial. L'arrivée de la téléphonie a modifié l'organisation spatiale du travail. Pourquoi en serait-il autrement à l'heure où les moteurs du changement accélèrent ? C'est une chance à saisir pour repenser la ville.

Le vocable de tiers lieux naît plus tard aux États-Unis dans une formulation du sociologue Ray Oldenburg[75] pour désigner un espace qui n'est ni le domicile, ni le travail. Le destin de ce terme est étrange, car en traversant l'Atlantique, il incarne sur nos rives des bureaux créatifs. Ils revendiquent l'accueil de sociabilités de voisinage et d'autres urbanités, entre autres pour s'extraire d'une ville en éparpillement (*suburban sprawl*).

Un lieu de coworking, de réflexion et d'expérimentation, comme l'espace Mutinerie à Paris, reflète les désirs urbains de cette génération tournée vers le monde des idées, de la

73. Melvin M. Webber, « The post-city age », *Daedalus*, New York, automne 1968.
74. William J. Mitchell, doyen du laboratoire d'architecture et d'urbanisme du MIT, avait en tête un travail centré à domicile, concédant un mode mixte « comme les barbiers en Italie dont le domicile est attenant à l'échoppe ». L'espace de travail public proche du domicile entra plus tard dans son radar. En 2007, il dessina le premier espace de coworking du MIT. *Cf.* William J. Mitchell, *e-topia*, The MIT Press, 2000.
75. Ray Oldenburg, *The Great Good Place*, Marlowe, 1991.

création, et des échanges pair-à-pair. L'ouverture s'affranchit du monde de l'entreprise sans l'exclure. Elle se révèle le creuset d'une considérable vitalité urbaine comme celui d'une créativité entrepreneuriale. Sans pour autant qu'on puisse prétendre à des formes définitives, ni du lieu, ni de sa construction sociale et encore moins de son modèle d'affaires. « Au croisement du territoire réel et du virtuel, de nouveaux lieux émergent ou d'anciens lieux sont réinvestis, des lieux tiers qui assurent le lien entre le local et le cyberespace, l'innovation et la fertilisation croisée, facilitent la rencontre et la médiation avec les différents publics et le lien social, permettent toutes sortes de créativités qui supposent la mise en place de nouvelles médiations adaptées. »[76] Poursuivant dans cet imaginaire créatif, Denis Delbaere parle d'accueillir, une « sociabilité diffuse, c'est-à-dire compatible avec le besoin contemporain de vivre entre soi, à bonne distance d'autrui, ou à l'inverse dans une forme de promiscuité provisoire. »

Ces tiers lieux s'inscrivent dans une pensée active. Il ne tient qu'à la volonté politique de les rendre réalistes, de les relier au quotidien et au logement. Attachons-nous justement à ce que nous dit Monique Eleb, sociologue de l'habitat et des modes de vie, à propos de nouveaux usages des lieux de cohabitation. « En proposant des lieux de vie flexibles, adaptables et réversibles, l'humain se pose au cœur du développement durable. [...] C'est aussi penser des logements pour accueillir les différents moments de la vie et proposer des solutions architecturales pour mieux les vivre. [...]

76. Denis Delbaere, *La fabrique des espaces publics*, Ellipses, 2010.

L'habitat n'est pas que la somme de la technique et des normes, c'est aussi la prise en compte du bien-être et du confort des habitants d'un lieu, de la sociabilité de voisinage… C'est également des immeubles équipés (d'une garderie, de jardins sur le toit, etc.) et des quartiers aux services de proximité mieux pensés. »[77]

Pour une politique du local

Des lieux autres, expansions du soi et du logement, extensions sociales et réceptacles d'autres nécessités urbaines. Les circuits courts locaux peuvent s'y héberger. Les AMAP (partenariat entre des consommateurs et une exploitation locale) sont souvent cités, des initiatives de production d'énergie locale se développent, tandis que la ville « marchable » – celle qui favorise la marche – et cyclable témoigne de ces envies de proximité. Selon un principe de subsidiarité[78], ces lieux peuvent accueillir les fonctions déléguées par La Poste (points multiservices) ou d'autres services publics déconcentrés, abriter des services municipaux, voire d'autres aménités locales (atelier de réparation de vélos, consignes pour accueillir les commandes à distance, crèches, etc.). En fait, il n'y a ni modèles d'enseigne, ni archétype de tiers lieux, ni limites à leur formulation. Il n'y a que des solutions organisées sur place dans le partage d'un lieu, en même temps que le partage de valeurs.

77. Intervention de Monique Eleb aux 2e assises de l'habitat Leroy Merlin, « Imprévisibles habitants : adaptations, résistances, paradoxes ».
78. Maxime politique et sociale selon laquelle la responsabilité d'une action publique, lorsqu'elle est nécessaire, doit être allouée à la plus petite entité capable de résoudre le problème d'elle-même. (Source : Wikipédia.)

L'engagement est d'abord forcément politique. Que faire de ces analyses dans la perspective métropolitaine ? Face au mur d'obstacles qu'oppose la situation actuelle, « comment prétendre gouverner sans idées dans une phase de crise mondiale ? C'est ahurissant ! », interpelle Emmanuel Todd. Il faut des idées en effet. Cet ouvrage en suggère. Finalement, un réseau de tiers lieux n'est que la mise en pratique d'un territoire qui cesse de se penser en mode fonctionnel pour retrouver des valeurs de proximité, de subsidiarité et d'urbanité, fortes et attractives. Reprenant le principe de subsidiarité, ces espaces revendiquent de rapatrier vers la proximité des services qui appelaient jusqu'ici un déplacement. L'idée impose que la métropole inverse sa logique centrifuge et radioconcentrique au bénéfice d'une mosaïque de voisinages, de quartiers, de cités et d'intercommunalités. Pour Jean-Marc Offner[79] « On passe du droit au transport au droit à l'accès. La demande est d'accéder à des services. Chez soi : c'est la ville à domicile. Près de chez soi ou près d'un autre lieu du quotidien : c'est la métropole des proximités. À distance, c'est la métropole des connexcités. »

Une révolution est à l'œuvre qui répond à des contraintes et des injonctions incontournables. Elle procède des usages.

---

79. *Op. cit*, note 4.

– 8 –

« Capital spatial » et « quotidien à distance »

Le rapprochement logement-travail, et plus généralement une polarité renforcée sur le domicile est la base de ce dernier volet prospectif. Il y a deux façons extrêmes de répondre à ce défi. Le premier scénario tente de rattraper les débordements pour recentrer les habitants. Ainsi, l'agglomération japonaise de Toyoma qui compte 321 000 habitants se réinvente avec comme priorités : compacité, facilité, accessibilité et commodité. Ses objectifs tournent autour d'une maîtrise des mobilités : rétrécir la ville, la rendre plus aisée à vivre, aspirer la population des alentours et favoriser les transports publics pour limiter la congestion et la pollution. La ville encourage fiscalement l'habitat, avec pour résultat une migration des périphéries au centre de l'agglomération. Il paraît difficile de généraliser ce modèle radioconcentrique. Il comporte diverses limites et d'abord celle d'imposer des migrations. Au nom de quoi ? Prenons ici l'hypothèse inverse, basée sur la densification des proximités existantes, renforçant les polarités existantes avec pour point d'appui le quotidien à distance et l'émulation du capital social de tous les habitants de la métropole.

L'ampleur du divorce logement-travail

L'enjeu du travail est indissociable du logement. Les deux se tiennent et se renforcent malgré les péripéties de l'un et l'autre. Dans un enchaînement de causalités, le travail mène aux mobilités, reliées *de facto* au logement et plus généralement à une autre manière de « faire ville ». Le phénomène s'exacerbe avec la taille de la métropole. C'est pourquoi l'Île-de-France affiche des chiffres accablants. En 2012, 54 % des Franciliens déclaraient vouloir quitter un jour la région parisienne, et 19 % se disent certains de conduire ce projet à bien. Une enquête Credoc montre que 43 % des grandes entreprises signalent des salariés en prise avec des problèmes de logement et 55 % déplorent que certains de leurs salariés supportent des temps de trajet trop longs[80]. Les inconvénients les plus cités par les Franciliens sur la vie dans leur région sont : le prix de l'immobilier trop élevé (56 %), l'agitation et le stress (41 %) et le temps passé dans les transports (40 %).

Comment offrir une mobilité résidentielle et sociale à tous les habitants ? En même temps que l'encadrement institutionnel de la métropole agite les politiques, le fait périurbain est sous les feux de l'actualité avec de nouvelles lectures[81].

80. Alors même que les grandes structures sont attentives, au moment de leur implantation, à la proximité des moyens de transport (64 % en font le principal critère d'implantation !), www.credoc.fr.

81. *Cf.* « Tous périurbains », revue *Esprit*, mars 2013 ; « Habiter dans le périurbain », n° 161, *Cahiers de l'IAU,* Institut d'aménagement et d'urbanisme d'Île-de-France, sur www.iau-idf.fr.

L'idée que les franges urbaines ne s'entendent pas comme des espaces résiduels s'affirme progressivement. Ce territoire à part entière, doté de ses propres logiques spatiales mérite mieux qu'un statut marginal et répulsif à plusieurs égards. Le sociologue de l'urbain, Jacques Donzelot, souligne « un renversement complet de la logique que l'urbanisme fonctionnel avait incarné » et rappelle « la nécessité d'offrir une mobilité résidentielle aux habitants, de façon à ce que leur mobilité sociale trouve là une récompense et/ou une motivation ».

Un retour du capital spatial permet d'imaginer le territoire autour d'une politique du logement qui ne se contenterait pas de verticalité ou d'intensification des transports pour assumer la densification. Justement, une autre lecture du périurbain fait le lien avec le travail dans une perspective historique. « La raison principale de l'exode rural fut économique et technologique, est-ce que les mêmes raisons ne président pas à un possible exode numérique aujourd'hui ? », demande William van den Broeck[82]. Se confond-il vraiment avec migration hors la ville ou n'est-ce pas plutôt un rééquilibrage des mouvements au sein même de la métropole ? Il faut aussi rappeler la corrélation entre la montée des ruraux vers les villes et l'augmentation du salariat durant l'épisode de l'industrialisation. Lire l'inverse aujourd'hui (c'est-à-dire une émigration couplée à la montée du statut d'indépendant) est tentant, mais n'est pas tout à fait exact, pour deux raisons.

82. *Cf.* « Vers un exode urbain numérique ? », mars 2013, sur www.mutinerie.org.

La croissance du travail indépendant encourage certes les migrations résidentielles, mais elle affirme surtout une relation différente au bassin de vie, en même temps qu'un autre rapport au travail. Par ailleurs, un recentrage sur la proximité n'exclut en rien des mobilités spatiales dispersées, mais choisies sur une aire plus large.

Oublions le terme d'exode urbain. En revanche, celui d'exode numérique est une façon astucieuse d'imaginer le couple « travail-hors travail » et ses effets sur l'appropriation du territoire. Il conduit directement au « quotidien à distance »[83]. C'est-à-dire la capacité pour l'usager de gérer son agenda en réduisant en partie des déplacements motorisés et lointains. La commande reçue chez soi ou retirée dans un relais ou une consigne n'élimine pas toute logistique mais en amoindrit les impacts. Ainsi, le e-commerce, ou commerce à distance, poursuit imperturbablement depuis l'arrivée d'internet et au-delà des soubresauts de l'économie une croissance à deux chiffres : 19 % sur l'année 2012, au moment où les compteurs de l'économie sont à zéro. Quant à la télésanté ou la téléformation, elles connaissent des débuts prometteurs. C'est dans cette même veine qu'est né le travail mobile.

Localisation de l'activité et équilibres urbains

Cessons de penser emploi et entreprise pour penser localisation de l'activité. Cela retentit nécessairement sur les centralités. « La périphérie étalée semble constituer désormais le fond de la trame urbaine, une prégnance sur laquelle

83. *Cf.* le rapport « Le quotidien à distance », Kantar Media et Chronos, 2011.

explosent les saillances de la centralité »[84], conduisant à la *citta diffusa* où l'étalement s'opère de « tout espace vers tout espace ». Pour autant, le territoire éprouve d'énormes difficultés à se repenser. Le philosophe Thierry Paquot[85] évoque un « urbain généralisé face à l'émiettement de la quotidienneté urbaine [qui] accompagne l'éparpillement territorial ». Et le géographe Martin Vanier résume le dilemme de la société du tous urbains : « Face à l'autre évolution concomitante de l'urbain – le tertiaire, c'est plus de 80 % de la force de travail –, le territoire se positionne comme un système fonctionnel, d'abord redistributeur des mobilités. Le flux domicile-travail est constitutif de l'aire urbaine. L'organisation spatiale qui en résulte façonne les territoires ; faisant émerger des paradoxes. » Puis il ajoute que « les territoires se raidissent devant la perspective métropolitaine dont ils sont cependant les acteurs »[86]. Un flottement règne à un moment crucial de redistribution des compétences aux différents étages de l'architecture institutionnelle, alors que les politiques doivent se clarifier à des échelles très larges.

Cette mutation est d'autant plus difficile qu'elle doit intégrer la transition de l'automobile au mobile. En effet, au vecteur d'étalement urbain que fut l'automobile se substitue

84. Michel Lussault, « L'urbain s'étale », *in* « Tous périurbains », revue *Esprit*, mars 2013, p. 131-143.
85. Thierry Paquot (dir.), *Repenser l'urbanisme*, Infolio, 2013.
86. « On en a fini avec la grande planification nationale. Mais alors qui sont désormais les stratèges des aménagements ? On assiste à une démultiplication des stratégies et des acteurs aménagistes, sans ligne directrice d'un quelconque système d'intégration. Ce qui met l'analyse au cœur de l'objet du débat l'aménagement du territoire et de la détermination de l'action publique, à ce moment du tout urbain. On recherche des pactes de coexistence territoriale, quitte à obscurcir l'écheveau des autorités. », conférence IHEDATE, juin 2013. Voir aussi « La métropolisation ou la fin annoncée des territoires », sur www.metroplitiques.eu.

le vecteur de centralités diffuses du numérique urbain désormais mobile. Il ne faut pas entendre là seulement les réseaux et les fonctionnalités urbaines du numérique, mais les urbanités et services afférents. Dans un espace réticulaire, la valeur n'est pas dans les réseaux mais dans ses innombrables dialogues et échanges. Le travailleur n'a pas seulement besoin du *cloud* et des équipements et fonctions du numérique. Son activité repose sur une communauté de pairs, amorce d'une autre urbanité qui mêle aux échanges du travail ceux des autres activités du quotidien.

Les localisations résidentielles, quand elles s'affranchissent de l'injonction présentielle et d'autres contingences, peuvent se déployer avec plus de liberté. À cette labilité de la demande doit répondre une profonde agilité des offres. Il s'agit là sans doute d'une occasion formidable de reconsidérer les équilibres métropolitains et la densification urbaine, et de déployer une politique d'égalité territoriale. La redistribution des flux et leur (re)déploiement dans des proximités changent la donne des fondamentaux urbains. Nul ne peut être sûr de ce que produiront ces centralités. Elles auront sans doute parmi leurs socles majeurs les plateformes d'échanges de mobilité et les gares au premier chef. D'autres usages de la ville et leurs intensifications affecteront nécessairement les urbanités, conduiront à aborder différemment les défis urbains.

Conclusion

Les extensions des domaines du travail, des mobilités et des territoires

En 1930, John Maynard Keynes avait prédit qu'à la fin du siècle, nos technologies auraient progressé de telle sorte que dans les pays avancés, les semaines de travail seraient réduites à 15 heures. Objectivement, la durée moyenne du temps de travail a diminué mais sans jamais se rapprocher de ce chiffre. Techniquement, rien ne s'oppose à la diminuer encore, pourtant cela ne se fait pas. À l'inverse, les observations font état d'un palier dans cette baisse, voire d'une inversion à la hausse. Tous les outils sont là pour gagner du temps, mais est-ce le désir des travailleurs ? D'autres aménagements de l'économie et de la politique le permettraient. Mais est-ce la représentation que la société se fait du travail et de sa place dans l'économie ? Cela ne condamne en rien l'exercice de la prédiction. Au contraire ! L'hypothèse de Keynes, comme celles développées dans ce livre, n'est qu'un prétexte pour réfléchir, une manière de faire de la prospective. Un changement heuristique de parallaxe est d'abord un encouragement à remettre en cause, donc à innover. S'il est impossible de prédire ce que le travail deviendra, le travail est évidemment un point de vue formidable pour embrasser les développements sociologiques.

Les rivières sortent parfois de leur lit. C'est l'occasion pour elles de s'adapter à l'écosystème, de modifier leurs cours pour emprunter une pente plus accueillante et organiser autrement ses flux ; les resserrer ou les épandre. Dans tous les cas, l'homme, ses fonctions et son territoire n'ont que le choix de s'adapter. C'est la métaphore qui vient à l'esprit au terme de cette investigation. La réflexion a conduit à parler d'une entreprise « étendue », qualificatif qui correspond au travail ou aux mobilités. Il vaut aussi pour la ville qui se pense désormais en métropole. Ces extensions sont autant d'obstacles que de défis à l'innovation. Tenir dans les modèles traditionnels du travail, des mobilités ou de la ville s'avère impossible, voire contre-productif. En revanche, tout est en place pour imaginer d'autres futurs. Le lecteur aura sans doute noté que l'essentiel des observations produites dans cet ouvrage procède d'une actualité récente. Cela témoigne d'une effervescence tant dans l'avancée des concepts et des analyses que dans la maturité des acteurs concernés. La quête de nouveaux repères s'entame et laisse la place à de nombreux scénarios. À charge pour les travailleurs et l'ensemble des autres acteurs de les assumer.

Postface de Fabienne Keller

Relier les hommes

Je suis heureuse de conclure cet ouvrage de prospective de Bruno Marzloff, qui révèle un paradoxe. Le transport virtuel, par le net, est aujourd'hui formidable et sans limites, alors que le quotidien, en particulier le transport, est toujours plus pénible et plus lourd dans les vies de chacun. Il fait le constat de la fin d'un système dans lequel une solution technique correspond au besoin de transport. La création d'un nouveau transport remodèle les hiérarchies, et donc une nouvelle réalité : ainsi, là où un problème devait être résolu, la « solution » crée à son tour de nouvelles difficultés. Mobilité imposée aussi par un travail moins stable, tant géographiquement que dans le temps ou dans l'appartenance à une entreprise. Incertitude, éloignement des solidarités familiales et sociales, au moment où celles-ci se révèlent comme des réponses au stress, à la solitude, à la difficulté de donner sens à nos vies.

Bruno Marzloff nous propose un regard complètement renouvelé, cassant les codes, transgressant le fractionnement, créant des interconnexions, les chaînages de l'offre. Sa réflexion globalisée révèle un potentiel formidable. J'ai eu le bonheur de croiser Bruno Marzloff sur le thème des gares, lieu de croisement et nouveau centre des villes, il va ici beaucoup plus loin.

Il nous propose donc de relier les stratégies d'urbanisme, de transport, de vie culturelle, d'activité économique, et d'anticiper l'évolution de la société, de son organisation, des liens entre les acteurs, voire de les infléchir. Et cette vie harmonieuse ne pourra s'inventer qu'à partir du local, du terrain, car c'est à ce niveau que la compréhension globale est possible, qu'elle fait sens, que les acteurs privés, sociaux et publics ont une maîtrise de la réalité. Il nous propose de relier les stratégies à la volonté de faciliter l'émergence d'organisations dans un système de vie global et accueillant.

Bruno Marzloff fait souvent référence aux pays émergents : ils évoluent vite, sont contraints à l'économie et la robustesse, et valorisent ainsi la créativité des hommes. Il ouvre ainsi de nombreux champs. Il décrit l'agilité des voyageurs dans une économie collaborative, propose de faire de la ville un ferment d'innovation, suggère d'orienter les revenus de ce nouveau modèle vers les acteurs publics – en lieu et place des opérateurs de données et de réseaux qui les captent aujourd'hui – et interroge le thème des « tiers lieux » dans une défense revisitée de la proximité.

Il nous propose de réfléchir à une approche totalement renouvelée, plus humaine, où la technique est maîtrisée et la relation entre les hommes privilégiée ; où la transversalité des vies, des talents et des compétences est à la fois à l'origine et au cœur de l'action publique.

Qu'il en soit ici remercié.

Fabienne Keller,
Sénatrice du Bas-Rhin, chargée de mission
sur le « concept de gare contemporaine »

Remerciements

Je remercie les contributeurs qui ont bien voulu échanger autour des tiers lieux :
Marc Chataignier (et ses tweets bienvenus), Blandine Bréchignac,
Eric van den Broeck (Mutinerie),
Philippe Hagmann (j'ai annexé son « état d'hésitation »),
Étienne Lhomet.

Tous ceux qui m'ont inspiré et se seront reconnus dans des emprunts construits au fil de nos échanges.

Bien sûr, une autre mention pour l'équipe Chronos qui n'a cessé de me nourrir de ses intelligences sur tous ces sujets.

Je n'oublie pas mes éditeurs qui m'ont extrait de quelques retranchements littéraires et scientifiques, obscurs ou incertains (pendant mes vacances, faut-il le préciser !).

Enfin et surtout, une mention particulière pour Aude qui m'a patiemment écouté, lu, relu, critiqué et à qui je dédie ce livre.

***

Achevé d'imprimer en octobre 2013
Imprimé en France sur les presses de l'imprimerie France Quercy
Dépôt légal : octobre 2013
ISBN : 978-2-36405-102-7